Academia Güip
- ESCRIBE Y PUBLICA -
Tu Pasión
CON REBECA SEGEBRE

PALABRAS QUE SANAN

Soy Mujer Valiosa

20 mujeres valientes comparten sus historias de superación para inspirar, consolar y alimentar la fe en Dios.

Para otros materiales, visítanos en:
EditorialGuipil.com

© 2023 por Academia Guipil: Escribe y Publica tu Pasión
Palabras que Sanan
Todos los derechos reservados

Publicado por **Editorial Güipil**
Miami, FL - Winston-Salem, NC. Estados Unidos de América

Reservados todos los derechos. Ninguna porción ni parte de esta obra se puede reproducir, ni guardar en un sistema de almacenamiento de información, ni transmitir en ninguna forma por ningún medio (electrónico, mecánico, de fotocopiado, grabación, etc.) sin el permiso previo de los editores, excepto para breves citas y reseñas.

Esta publicación contiene las opiniones e ideas de su autor. Su objetivo es proporcionar material informativo y útil sobre los temas tratados en la publicación. Se vende con el entendimiento de que el autor y el editor no están involucrados en la prestación de servicios financieros, de salud o cualquier otro tipo de servicios personales y profesionales en el libro. El lector debe consultar a su consejero personal u otro profesional competente antes de adoptar cualquiera de las sugerencias de este libro o extraer deducciones de ella. El autor y el editor expresamente niegan toda responsabilidad por cualquier efecto, pérdida o riesgo, personal o de otro tipo, que se incurre como consecuencia, directa o indirectamente, del uso y aplicación de cualquiera de los contenidos de este libro.

Versículos bíblicos indicados con NVI han sido tomados de la Santa Biblia, Nueva Versión Internacional, NVI. ©1999 por Bíblica, Inc. Usado con permiso de Zondervan. Todos los derechos reservados mundialmente. www.zonderban.com.
Versículos bíblicos indicados con RV60 han sido tomados de la Santa Biblia, versión Reina Valera 1960. ©1960 Sociedades Bíblicas en América Latina; ©renovado 1988 Sociedades Bíblicas Unidas. Utilizado con permiso. Reina Valera 1960© es una marca registrada de la American Bible Society.
Versículos bíblicos indicados con NTV han sido tomado de la Santa Biblia, Nueva Traducción Viviente, © Tyndale House Foundation 2008, 2009, 2010. Usado con permiso de Tyndale House Publishers, Inc., 351 Executive Dr., Carol Stream, IL 60188, Estados Unidos de América. Todos los derechos reservados.

Editorial *Güipil*

Editorial Güipil. Primera edición 2023
www.EditorialGuipil.com
ISBN: 978-1-953689-64-1

Categorías: Vida Cristiana / Inspiración

*"Un libro cambia vidas,
la primera vida que cambia,
es la de su autor"*

- Rebeca Segebre

*Presidente de La Academia y Editorial Güipil,
fundadora de la Comunidad Mujer Valiosa*

COMUNIDAD
Mujer Valiosa

Academia Güipil
- ESCRIBE Y PUBLICA -
Tu Pasión

CON REBECA SEGEBRE

Escribe palabras que impacten y transformen vidas.

AcademiaGuipil.com

Comunidad · Inspiración · Desarrollo

Contenido

El poder en este libro 9
Introducción 11

EL AMOR GIGANTESCO DE DIOS
1. Rebeca Segebre 19

DIOS ESTÁ CON TODOS NOSOTROS
2. Julia Amanda 27

EN BUSCA DEL CORAZÓN DEL PADRE
3. Claudia Galván Gil 33

PON ACEITE EN MI LÁMPARA, SEÑOR
4. María Del C. Jurado Bequer 41

EN BUSCA DE FORTALEZA Y CONSUELO
5. Ivelisse Medina 49

DIOS SANA EN EL GIMNASIO
6. Mariela Arrieta 55

LA PINTURA DE LA VOZ
7. Alfa Yáñez 61

DEJAR EL MONTE Y AVANZAR HACIA LA PROMESA
8. Claudia de Jesús 67

VALORANDO LA ESENCIA
9. Mar Alcalá 73

LIBERTAD EN CRISTO
10. Maria Trejo Castillo 79

EL PODER TRANSFORMADOR DEL AMOR Y LA FE
11. Isadora Yurina Sutton 85

¡EL SEÑOR ME HA SACADO DEL SEPULCRO!
12. Ana Yaheli Sánchez Quesada 91

HERIDA DEL ABANDONO
13. Diana Zamora 99

VENCIENDO EN VICTORIA
14. Ileana Calero 105

DE PRISIONERA A MUJER DE DIOS
15. Marly Echenique de Liendo 111

ENSÉÑANOS A CONTAR NUESTROS DÍAS
16. Lucecita González 117

CUANDO DIOS ENVÍA UNA CARTA DEL CIELO
17. Norma Barbosa 123

ÉL SIEMPRE ESTUVO CONMIGO
18. Carmen Hernández 129

SANANDO LA SOLEDAD, TRANSFORMANDO LAS TINIEBLAS
19. Jennys Jiménez 135

¡TE MALDIGO CANCER!
20. Edith Jaimes 141

Epílogo 151

Únete a la comunidad 158

Tus próximos pasos 159

EL PODER EN ESTE LIBRO

Este libro es una invitación a que cultivemos las virtudes que nos hacen valiosas en las manos de Dios, y vencer los desafíos que a menudo tenemos en el proceso de la vida diaria.

«Piensen en los agricultores, que con paciencia esperan las lluvias en el otoño y la primavera. Con ansias esperan a que maduren los preciosos cultivos. Ustedes también deben ser pacientes. Anímense, porque la venida del Señor está cerca.» (Santiago 5:7-8)

En este pasaje de la Biblia, Santiago nos hace recordar que el jardín de la vida se cuida todos los días. Muchas veces sembramos con mucho sacrificio y lágrimas porque la tierra es dura y difícil, y las circunstancias parecen una batalla pelea en desventaja. No obstante, es en esos momentos cuando debemos recordar que nuestra obediencia a los mandamientos y a la voluntad de Dios está considerada en el mundo espiritual como la semilla que sembramos.

Este devocional te lleva día a día a que cuides con paciencia el jardín de tu vida. Es una invitación a que hagas un inventario de las semillas que estás sembrando en tu hogar; decide qué vale la pena seguir alimentando y qué cosas debes arrancar para siempre de tu huerta.

Este libro contiene devocionales diarios de inspiración y reflexión basados en las Sagradas Escrituras que te ayudan en tu diario vivir y son de fácil lectura.

Te ayuda a:

1. Identificar los principios bíblicos y las virtudes que debes desarrollar para tener una vida plena.
2. Desarrollar metódicamente tus músculos espirituales en tu tiempo a solas con Dios, con solo unos minutos de lectura a diario.
3. Recordar no solo las promesas de Dios, sino también los beneficios de vivir de acuerdo a Su voluntad.

En el conjunto de estas historias y relatos notamos que los sufrimientos de los santos no son en vano, ni sus lágrimas al compartir las calamidades a las que están expuestos, como todos los seres humanos, pero siembran su tarea en obediencia a Dios y tendrán su recompensa.

Te comparto este devocional *Soy Mujer Valiosa*, escrito por las autoras destacadas de Editorial Güipil y miembros de la *Academia Guipil: Escribe y Publica* que han participado publicando un mensaje de inspiración, fe y esperanza.

Este proyecto literario es una novedad editorial histórica, una colección especial de libros publicada por Editorial Güipil: la casa editorial que fundamos por asignación divina, para publicar las obras de las mujeres cristianas latinas que tienes un mensaje en su corazón y desean expresarlo al mundo por medio de un libro y así expandir sus vidas, ministerio y legado.

El momento más esperado para todo escritor es ver su obra publicada y ese momento llegó: las estudiantes de la Academia Guipil que aceptaron el reto de ser parte de este proyecto y ya están haciendo historia, ya son parte de algo grande.

Introducción

¿Has sentido alguna vez el deseo de escribir un libro? Si es así, tal vez sea porque Dios te ha dado una historia que contar. Ya sea una historia de sanidad, de superación de luchas personales o financieras, o simplemente la búsqueda del consuelo que solo la gracia transformadora de Dios puede brindar. Si este es tu caso, tu historia puede ser un recurso invaluable para otros.

En "Mujer Valiosa: Palabras que sanan", un grupo de miembros de la Academia de autoras de Editorial Güipil comparte sus historias de superación como un ejemplo de los milagros que ocurren hoy en día. El objetivo de este libro es sanar tu corazón y alimentar tu fe en Dios.

Todos tenemos historias que contar. Nuestras experiencias, nuestras luchas y nuestros triunfos son lo que nos hacen quienes somos. Escribir nuestras historias en forma de libro es una forma poderosa de compartirlas con el mundo y dar esperanza y consuelo a quienes las lean. En este libro encontrarás 21 historias de superación de luchas personales escritas por un grupo de mujeres autoras de la casa Editorial Güipil y miembros VIP de la Comunidad Mujer Valiosa.

¿Por qué escribir nuestras historias de superación de difíciles luchas en la vida? Creemos que nuestras experiencias pueden consolar a otros. Cuando leas este libro, es posible que necesites consuelo o que te identifiques con situaciones similares a las que se describen en él. Aunque nuestras historias no sean idénticas, a menudo se pueden relacionar, y escuchar que otra persona ha experimentado algo parecido a lo que hemos pasado puede proporcionarnos una sensación de paz y comprensión que nadie más puede ofrecer.

Con cada historia en este libro, deseamos llegar a muchas más personas con el mismo mensaje: que hay esperanza en Dios incluso en las circunstancias más difíciles. Dios nos ha llamado a ser heraldos de su amor y poder. Dios llama a todos sus seguidores a enseñar a otros acerca de Él. Somos sus heraldos y queremos hacerlo de manera efectiva para pregonar su amor y su poder a otras mujeres.

Este libro contiene elementos prácticos que te ayudarán si estás pasando por situaciones similares, como planes de acción, oraciones para llevar a Dios las dificultades, pasos para sanar y superarte. Además, contiene el mensaje que Dios nos ha dado, y por medio de este libro lo ponemos a disposición de otros que tal vez no puedan asistir a conferencias o eventos donde puedan escuchar el mensaje de primera mano. Este libro ofrece una oportunidad para aquellos que se encuentran en necesidad de esperanza y aliento, y les permite el acceso incluso cuando no pueden asistir físicamente a un evento en persona.

Cuando se enfrentan tiempos difíciles, puede ser fácil olvidar por qué estás pasando por ellos, pero a menudo Dios nos permite vivir ciertas experiencias para que podamos utilizarlas para su gloria más adelante en el futuro. Si Dios te ha permitido vivir luchas personales difíciles, entonces es lógico que Él quiera que compartas esta experiencia con otros para que ellos también crezcan en su relación con Él.

Al leer este libro, encontrarás una comunidad de mujeres que, aunque han pasado por luchas diferentes, comparten la misma fe y el mismo deseo de ayudar a otras a superar sus dificultades.

Este libro es una prueba del amor de Dios y de su capacidad para transformar las vidas de aquellos que confían en él. Además, a través de la lectura de estas historias, también podrás aprender herramientas prácticas y espirituales que te ayudarán a superar tus propias luchas y a crecer en tu fe.

Así que, si estás buscando inspiración, esperanza y consuelo en medio de tus dificultades, este libro es para ti. Únete a esta comunidad de mujeres valiosas y descubre la verdad que puede sanar tu corazón y transformar tu vida.

Academia Güipil

– ESCRIBE Y PUBLICA –

Tu Pasión

CON REBECA SEGEBRE

Devocional Soy Mujer Valiosa
Venciendo los desafíos y cultivando las virtudes que nos hacen valiosas en las manos de Dios

REBECA SEGEBRE

Autora del libro *Tú Naciste para Escribirlo*
Presidente de Editorial Guipil y fundadora de
La Academia Guipil: Escribe y Publica Tu Pasión

Publicado por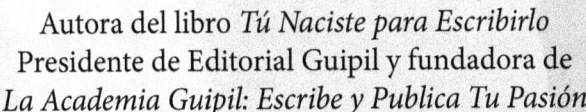

EditorialGuipil.com/rebeca

Academia Güipil
- ESCRIBE Y PUBLICA -
Tu Pasión

CON REBECA SEGEBRE

Escribe palabras que impacten y transformen vidas.

AcademiaGuipil.com

Comunidad - Inspiración - Desarrollo

EL AMOR GIGANTESCO DE DIOS

*"Aprendan a hacer el bien. Busquen la justicia
y ayuden a los oprimidos.
Defiendan la causa de los huérfanos
y luchen por los derechos de las viudas."
Isaías 1:17 (NTV)*

La historia de la infertilidad no es solo sobre la imposibilidad de tener hijos, sino sobre el poder del amor y la voluntad de Dios. A pesar de la frustración y el dolor, Dios nos muestra que hay muchas maneras de formar una familia y de tener hijos a través de la adopción. En lugar de centrarnos en nuestras limitaciones, podemos abrir nuestros corazones a los niños que necesitan amor y cuidado.

La adopción es un camino lleno de esperanza, no solo para las parejas que quieren formar una familia, sino también para los niños que necesitan un hogar lleno de amor y felicidad. Es cierto que el proceso de adopción puede ser difícil y frustrante, pero también es una oportunidad para fortalecer nuestra relación con Dios y sentir su presencia en cada momento.

En mi primera visita a un orfanato en Brasil, pude sentir el amor profundo de Dios por los huérfanos, los pobres y los marginados. Al obedecer el mandamiento de "visitarlos", Dios se hace presente en ellos a través de nosotros. Y al acercarnos a quienes son objeto de su amor, podemos sentir en nuestro corazón la inmensidad de ese amor, y esto nos cambia.

En Rusia, durante el proceso de adopción de mis hijos, experimenté el amor incondicional de Dios. Él me mostró que su amor no solo se extiende a los huérfanos, sino también a mí. Ahora puedo decir con certeza que Él nos ama a ambos. La adopción es un milagro que habla del amor de Dios por nosotros. Él nos adoptó por amor, y eso es lo sublime.

Si no hubiera sido por mi aparente infertilidad, nunca habría conocido a mis hijos David y Julia. Y hoy, como familia, disfrutamos de la alegría y la satisfacción más grandes cuando llevamos el amor de Dios a aquellos que Él ama. El secreto del amor es que Dios es su fuente, y cuando Él derrama ese amor en nuestras manos, se convierte en una fuente para aquellos que lo reciben.

Esta tarea de amar al huérfano puede parecer abrumadora e imposible, al igual que la alimentación de cinco mil personas con solo cinco panes. Pero como iglesia, podemos lograrlo con el poder sobrenatural del Espíritu de Dios y el amor del Padre. Y aunque pueda parecer una tarea pesada o aburrida, podemos recordar el versículo de Filipenses 4:13, que dice que podemos hacer todas las cosas por medio de Cristo, quien nos da la fuerza.

Todos estamos llamados a amar con un amor gigantesco: el amor del reino de Dios. Y cuando amamos de esa manera, comprendemos que el secreto del amor no es solo hacer grandes cosas para Dios, sino hacer todas las cosas, incluso las pequeñas, con un amor gigantesco que proviene de Él.

Amiga, después de muchos años intentando concebir, finalmente acepté que la infertilidad era una realidad en mi vida. Fue entonces cuando David y Julia entraron en nuestra vida. Adoptarlos fue una decisión difícil pero también una bendición. El proceso fue largo y lleno de obstáculos, pero ahora que los tengo en mi vida, no puedo imaginarla sin ellos.

Ser padres adoptivos no ha sido fácil, pero ha sido una experiencia increíblemente gratificante. Desde el momento en que los vi por primera vez, supe que eran los niños que debían ser mis hijos. Y ahora, como familia, nos hemos comprometido a hacer la diferencia en la vida de otros niños necesitados.

A pesar de los desafíos que enfrentamos durante el proceso de adopción, la alegría y la gratitud que sentimos por nuestros hijos no se pueden describir con palabras. Cada día es una nueva aventura en la que aprendemos juntos y nos amamos mutuamente.

La adopción no solo nos trajo dos hijos maravillosos, sino que también nos permitió ser parte de la historia de amor y redención de Dios. Nos enseñó a ver a los huérfanos y a las personas marginadas como Dios los ve, con amor y compasión.

Si estás luchando con la infertilidad o si has considerado la adopción como una opción, quiero animarte a confiar en Dios y en su plan para tu vida. Sé que puede ser una montaña rusa emocional y que el camino puede parecer difícil, pero Dios tiene un propósito y un plan perfecto para ti.

El movimiento "Deja tu huella" ha sido una parte importante de nuestra vida como familia. Es una oportunidad para hacer una diferencia en la vida de los niños que necesitan ayuda y amor. Compartimos el mensaje de Dios de que cada uno de nosotros tiene el deber de ayudar a los huérfanos y a las viudas. Es nuestra responsabilidad como cristianos cuidar de los más necesitados.

David y Julia están creciendo y aprendiendo a ser amables y compasivos con los demás. Y estoy agradecida por poder ser su madre y enseñarles la importancia del amor y el servicio. La infertilidad ya no es un obstáculo en mi vida, sino que me ha llevado a descubrir un propósito más grande. Soy una madre amorosa y afortunada de tener una familia amorosa y comprometida con hacer la diferencia en la vida de otros. Que la historia de mi familia pueda inspirarte a ver la adopción desde una perspectiva diferente, y a saber que Dios puede usar cualquier circunstancia para mostrar su amor y poder. ¡Él puede transformar nuestra tristeza en alegría y nuestras lágrimas en risas! No te rindas, sigue buscando y confía en Dios, porque Él siempre cumple sus promesas.

El verso bíblico que consideré apropiado para este devocional es el de Isaías 1:17 que dice: "Aprendan a hacer el bien; busquen la justicia, socorran al oprimido, hagan justicia al huérfano, defiendan la causa de la viuda". Este verso nos llama a actuar en favor de los necesitados y ser instrumentos de justicia en el mundo, lo cual es el enfoque principal del movimiento "deja tu Huella" que muestra cómo en el cuidado de los huérfanos encontramos evidencia de la profundidad del amor de Dios y nos cambia a nosotros mismos.

Devocional Soy Mujer Valiosa
Venciendo los desafíos y cultivando las virtudes que nos hacen valiosas en las manos de Dios

JULIA AMANDA

Miembro destacado de
La Academia Guipil: Escribe y Publica Tu Pasión

Academia Güipil
- ESCRIBE Y PUBLICA -
Tu Pasión

CON REBECA SEGEBRE

Escribe palabras que impacten y transformen vidas.

AcademiaGuipil.com

Comunidad - Inspiración - Desarrollo

DIOS ESTÁ CON TODOS NOSOTROS

"Un padre de huérfanos y defensor de viudas es Dios en su santa morada".
Salmos 68: 5-6

Desde niña siempre crecí con el conocimiento de Dios, de quién es él a través de las enseñanzas de mi madre. Siempre se aseguró de que supiera la importancia de la Biblia, la palabra de Dios y su amor; sin embargo, solo cuando me convertí en una adolescente mayor es que realmente descubrí lo importante que es conocer a Dios como Padre.

Nací en Moscú, Rusia, y fui abandonada por mi familia biológica en un orfanato cuando era recién nacida. Este orfanato no era exactamente un hotel de cinco estrellas y sufrí de enfermedades y desnutrición, como muchos de los niños que se quedaban allí. Afortunadamente, pronto fui adoptada por mi madre adoptiva o Mami y vine a los Estados Unidos; los comienzos fueron un poco difíciles, pero como niña me adapté y viví feliz en mi nuevo hogar. Era una felicidad total.

Conforme me fui dando cuenta de mi entorno, había un versículo de la Biblia que mi madre decía con bastante frecuencia al hablar de su misión de ayudar a los huérfanos y visitar orfanatos. Era: "Dios es el padre del huérfano". Realmente no pensé mucho al respecto en ese momento, pero estas palabras en particular son muy poderosas para mí. Como alguien que fue huérfano, que a veces se ha sentido sola incluso cuando está acompañada, realmente me impactó. Pensar que tenemos un Padre todopoderoso y constante, que nunca nos abandona. Alguien que literalmente separa mares y trae victoria a y para sus hijos. Es un poco surrealista hacer esa conexión en nuestras mentes, ¿verdad? Puede ser difícil pensar en Dios como Padre, especialmente para aquellos que pueden haber experimentado una crianza difícil o falta de apoyo familiar; el pensamiento de que Dios no es un gobernante distante e insensible que preside sobre sus súbditos, sino un padre, algo que a menudo es sinónimo de calor, cuidado y protección, es una píldora un poco difícil de tragar. Sin embargo, la verdad es que tener a Dios como Padre es tener a alguien que te conoce mejor que nadie, que entiende tus miedos e inseguridades más profundos y que te ama incondicionalmente. Significa que tienes un Padre que siempre está allí para ti, pase lo que pase, que nunca te dejará ni te abandonará.

Incluso en aquellos momentos en los que puedas sentir que no hay nadie cuidando de ti, que no tienes a nadie en quien apoyarte, sabes que hay un Padre en el cielo que te ama más de lo que puedes imaginar. Créanlo o no, hay un gran porcentaje de personas en la Biblia consideradas héroes de la fe, que llevaron a cabo su propósito ante la admiración de muchos, pero que no tuvieron una gran vida familiar o apoyo.

Mira a Moisés, quien nació en una familia hebrea en Egipto, pero debido a un decreto del Faraón de matar a todos los bebés varones hebreos, su madre se vio obligada a ponerlo en una canasta y enviarlo por el río Nilo con la esperanza de salvar su vida. Una vez que el decreto fue puesto en marcha, parecía como si su destino fuera morir, pero su Padre tenía grandes planes para él. Dios lo elevó para ser líder y héroe, usándolo para liberar a su pueblo de la esclavitud y guiarlos a la Tierra Prometida. O mira a Ester, una joven judía que quedó huérfana a temprana edad y fue criada por su primo

Mordecai. Fue elegida para convertirse en la reina de Persia después de llamar la atención del rey Jerjes.

Mientras era reina, se planeó exterminar a todos los judíos en Persia. Mordecai instó a Ester a hablar con el rey en nombre de su pueblo, aunque era peligroso hacerlo. Ester vaciló al principio, pero finalmente reunió su valentía y se acercó al rey. A través de su valentía y la intervención de Dios, los judíos fueron salvados de la destrucción. La historia de Ester es un poderoso ejemplo de cómo Dios puede usar a cualquier persona, independientemente de su origen o circunstancias, para cumplir sus propósitos. Ester era una huérfana que se convirtió en reina y pudo usar su posición de influencia para salvar a su pueblo. A pesar de los peligros que enfrentó, confió en el plan de Dios para su vida y pudo hacer una diferencia.

Dios está con todos nosotros. Él es el Padre Todopoderoso y tiene un plan meticulosamente creado para cada uno de sus hijos. Incluso cuando enfrentamos tiempos oscuros como Moisés, donde nos sentimos solos, como si nadie estuviera de nuestro lado, sabemos que Dios está con nosotros. Y aunque no todos tenemos amigos o familiares en quienes apoyarnos, todos podemos tomar consuelo en saber que tenemos un Padre en el cielo que nos ama de la misma manera.

Oremos juntos: *Padre Celestial, gracias por ser nuestro Padre amoroso, por cuidarnos y protegernos en todo momento. Ayúdanos a recordar que nunca estamos solos, que siempre podemos contar contigo y que tienes un plan perfecto para nuestras vidas. Danos la fortaleza para confiar en ti en todo momento, incluso en los momentos más difíciles. Te agradecemos por tu amor y fidelidad, y te pedimos que nos guíes en cada paso del camino. En el nombre de Jesús. Amén.*

Devocional Soy Mujer Valiosa
Venciendo los desafíos y cultivando las virtudes que nos hacen valiosas en las manos de Dios

CLAUDIA GALVÁN GIL

Autora del libro "De Huérfanos a Hijos"
Líder en la *Comunidad Mujer Valiosa*
Miembro destacado de *La Academia Guipil:*
Escribe y Publica Tu Pasión

Publicado por *Editorial Güipil*

EditorialGuipil.com/claudia

Academia Güipil
- ESCRIBE Y PUBLICA -
Tu Pasión

CON REBECA SEGEBRE

Escribe palabras que impacten y transformen vidas.

AcademiaGuipil.com

Comunidad · Inspiración · Desarrollo

EN BUSCA DEL CORAZÓN DEL PADRE:
UNA HISTORIA DE DOLOR, SANIDAD Y PROPÓSITO

"Yo les he dicho estas cosas para que en mí hallen paz. En este mundo afrontarán aflicciones, pero ¡anímense! Yo he vencido al mundo." - Juan 16:33 (NVI)

Mi historia es una de altibajos, de dolor y de aprendizaje. He vivido en una familia en la que la falta de amor y la ausencia de liderazgo se hacían evidentes. Mis padres, aunque me amaron, no estaban preparados para darnos todo lo que necesitábamos. Mi madre trabajaba duro y generaba más ingresos que mi padre, lo que causó tensiones en el hogar. Mi padre no asumió su papel de líder y protector, y esto se reflejó en nuestra familia. Vivíamos juntos, pero no éramos un matrimonio. Mi hermana y yo fuimos arrastradas por las consecuencias de los problemas de mis padres.

Pero a pesar de todo esto, Dios siempre estuvo presente en mi vida. Desde una edad temprana, mostré un gran interés por las obras sociales y comunitarias. Dios me mostró que esto era parte de mi propósito en la vida, aunque en ese momento no lo entendía completamente. Hoy, puedo ver cómo me ha abierto las puertas y dado oportunidades para servir y ayudar a otros.

Mi madre me contó que cuando estaba por nacer, mi papá se había desligado de la responsabilidad de su rol, y que ella atravesó su embarazo sola. Mi padre nunca hablaba de ese asunto, lo único que decía es que cuando yo nací se alegró muchísimo; llegó al hospital Lenin Fonseca en Managua con una canastilla amarilla, pues él tenía la esperanza que yo fuese un varón. Algo que sinceramente no me gustaba escuchar, pues me hacía pensar en que quizá su alegría se fue cuando vio que no era un niño. Muchos años más tarde, mientras cuidaba de mi padre enfermo, me dijo: —Sos mi continuidad; y lo único que puedo aconsejarte y decirte es: vive. El tiempo es como la vida para el que lo perdiese.

Cuando encontré el corazón del Padre a través de Jesús, todo cambió para mí. Me di cuenta de que no podía seguir culpando a otros por las situaciones injustas que había enfrentado en mi vida. Dios me enseñó que todo obra para el bien de los que le aman. Aprendí que incluso en las situaciones más difíciles, Él siempre ha estado a mi lado, dispuesto a ayudarme y mostrarme cuán grande es Su amor por mí.

Entregarme al Padre Celestial no fue fácil. Tuve que renunciar a muchas cosas que había aceptado como verdades, pero que en realidad eran mentiras. Dios nunca desistió de mí y me mostró que Su amor es suficiente para sanar todas mis heridas.

Hoy, puedo decir con certeza que Dios ha transformado mi vida. Ya no soy una víctima de mi pasado, sino una hija amada del Padre Celestial. Sé que tengo un propósito y que puedo hacer una diferencia en el mundo. Dios me ha dado la oportunidad de escribir mi historia y compartirla con otras mujeres que puedan estar pasando por situaciones similares. Mi deseo es que puedan encontrar consuelo y esperanza en Dios, y que sepan que Él está siempre con ellas, listo para sanar sus heridas y guiarlas en su camino.

Gracias a mi encuentro con el Padre Celestial a través de Jesús, pude entender que el dolor, la culpa y las consecuencias del pasado no tienen que definir mi presente y mi futuro.

Dios me mostró que Él siempre ha estado ahí, dispuesto a ayudarme y mostrarme Su amor a pesar de las situaciones difíciles que he atravesado. Y así como yo fui la continuidad de mi padre en la tierra, hoy puedo ser la continuidad de Dios en mi familia y en mi comunidad, mostrando Su amor y liderazgo donde sea que Él me lleve.

Hermanas, quizá tú también has atravesado situaciones difíciles en tu familia o en tu vida que te han llevado a sentir dolor, culpa o vergüenza. Pero recuerda que no estás sola y que el Padre Celestial siempre está ahí para ayudarte y mostrarte Su amor. Él te llama a ser la continuidad de Su amor en tu familia y en tu comunidad, a pesar de las circunstancias. Busca de Él, entrega tus cargas y deja que Él te muestre el camino hacia la sanidad, el perdón y la libertad en Su amor. ¡Juntas podemos ser la continuidad del amor de Dios en este mundo!

Oremos juntas: *Padre Celestial, te doy gracias por tu amor inagotable. Gracias por estar siempre a mi lado, incluso en los momentos más difíciles de mi vida. Te pido que me ayudes a seguir caminando en tu camino y a cumplir el propósito que tienes para mí. Ayúdame a ser una luz en medio de la oscuridad y a compartir tu amor con los demás. En el nombre de Jesús. Amén.*

HE HALLADO A MI AMADO

El vino y yo no abrí,
Por vanidad me resistí,
Pensando en mis vestidos
Y en mi apariencia al salir.

Mas al volver, lo encontré
En mi puerta, sin entrar,
Y al no abrirle, se fue
Mi corazón a lamentar.

Desesperada lo busqué
Y con llanto le pedí,
Sanar mi alma que enfermó
Y guiar mi espíritu sediento.

Él me habló con amor,
Diciéndome que era valiosa
Y que su amor me sanaría,
No importando mi apariencia.

Acepté su amor en mi corazón,
Y espero su pronto regreso,
Para caminar junto a él,
En las calles de oro del cielo.

No me apartaré jamás de ti,
Mi Señor, mi amado,
Porque tú eres mi camino,
Mi refugio y mi sustento.

Permíteme proclamar,
Tu majestuosa presencia,
De tus labios de lirio,
Y tus brazos de oro.

En ti, mi alma encuentra paz,
Y el lloro ya no existirá,
En la eternidad, junto a ti,
Donde todo es libertad.

Poema por:
Claudia Galván Gil

Devocional Soy Mujer Valiosa

Venciendo los desafíos y cultivando las virtudes que nos hacen valiosas en las manos de Dios

MARÍA DEL C. JURADO BEQUER

Autora del libro "Afina Las Cuerdas de Tu Vida"
Líder en la *Comunidad Mujer Valiosa*
Miembro destacado de *La Academia Guipil:*
Escribe y Publica Tu Pasión

Publicado por *Editorial Güipil*

EditorialGuipil.com/MariaJurado

Academia Güipil
- ESCRIBE Y PUBLICA -
Tu Pasión

CON REBECA SEGEBRE

Escribe palabras que impacten y transformen vidas.

AcademiaGuipil.com

Comunidad · Inspiración · Desarrollo

PON ACEITE EN MI LÁMPARA, SEÑOR

"Tu palabra es lámpara que alumbra mis pasos y luz en mi sendero"
Salmo 119:105.

Esta frase significa tanto en mi vida. ¿Alguna vez te has sentido que ya no tienes aceite en tu lámpara para seguir alumbrándote y ayudando a iluminar el camino de otras personas?

¿Y para qué quiero que Jesús ponga aceite en mi lámpara? Nuestro largo caminar por la vida no tendría sentido si no sigo la Luz de Cristo. Esa luz que nos guía, que nos dirige, que nos acompaña. La luz nos da claridad, nos aparta de las tinieblas del mundo y del enemigo. Nos brinda también seguridad, de saber y mirar por el camino del bien. Nos brinda discernimiento. Tenemos que trabajar arduo para el Señor y pedirle que mantenga nuestra lámpara con aceite para que siempre esté prendida. Pero, ¿qué simbolismo tienen estos elementos?

En la época de Jesús, de noche se alumbraban los hogares con lámparas de aceite. Si no había aceite o este se acababa, se quedaba esa casa, esa familia, sin luz, a oscuras. Por lo que las personas procuraban mantener siempre, siempre, aceite en sus hogares, pues sus lámparas debían y tenían que permanecer prendidas, encendidas, emitiendo luz para todos en el hogar. Cada ser humano va llenando su lámpara con su propia vida. Con sus obras. Esta experiencia la he vivido en diferentes circunstancias de mi vida. Si no nos mantenemos leyendo la palabra, orando, haciendo buenas obras y permaneciendo en la fe, nuestro aceite (combustible), lo que nos mantiene vivos, se va desvaneciendo, se va acabando hasta que finalmente, si no logro volver a echarle aceite, volver a conectarme conmigo y con Dios, me apago. Sí, y me ha pasado.

Hermanos, hay ocasiones en la vida en que perdemos nuestro rumbo, nuestro norte y nos "apagamos" por falta de aceite, de combustible. El aceite también significa sanación. Los apóstoles ungían a los enfermos y los sanaban. Significa vida. Ese aceite es el combustible para la lámpara, lo que le permite y le mantiene encendida. El aceite es nuestra manera de proceder en la vida. Nuestras buenas obras nos brindan más aceite, pero nuestras malas obras nos quitan aceite, y la lámpara se va apagando. Tenemos que ser obedientes y seguir el camino de justicia y del bien, para que como buen cristiano nuestra lámpara permanezca encendida.

La lámpara es el instrumento por donde se emite esa luz. Yo quiero ser instrumento del Señor. Quiero permitir que ilumine mi vida, toda. Quiero permitir que me utilice de instrumento para iluminar a otros a que vengan a Él, que le conozcan, que le sigan, que le imiten. Pero para lograrlo, necesito estar en la luz; yo primero, mantener mi lámpara, mi corazón y mi mente, siempre con aceite de la palabra de Dios. Mantenerme viva. La lámpara es esa palabra viva de Dios y a través de su palabra, nos mantenemos conectados a Él. Luego, y solamente luego, podré ser luz para el mundo.

Si no logramos estar conectados con el Señor, ¿de qué manera entonces mantendremos nuestra lámpara con aceite? Las cosas mundanas no me llevan a Él. Las cosas materiales del mundo, no me brindan aceite. Pero la palabra de Dios viva, me conecta, me da el aceite que necesito en mi vida para seguir. Ese aceite también es el Espíritu de Dios que nos purifica, nos limpia, nos sana, nos salva.

Cuando la mecha de la lámpara está demasiado pequeña o baja, no recibe suficiente oxígeno para mantener la llama encendida. La mecha simboliza las buenas obras. Si mi mecha está corta, no tengo suficiente potencia y material para permitir que esa lámpara continúe iluminando, por lo que, a pesar de tener aceite, si mi mecha está corta, pronto se apagará esa lámpara.

¿Cuántas veces en nuestra vida tenemos la "mecha corta"? No tenemos paciencia, tenemos impulsividad, contestamos agresivos, no hay comprensión, ni hay tolerancia. Así vivimos...con la mecha corta.

Tenemos que ser luz para nosotros, para nuestro hogar y para el mundo. Tenemos que ser Luz de Cristo donde quiera que vayamos. Pero esa luz tiene que empezar por nosotros mismos. Debemos recordar que no podemos dar lo que no tenemos. Si no tengo aceite, no te lo puedo ofrecer. Si vivo en tinieblas, ¿cómo te voy a dar luz? Si vivo en la avaricia, en la incomprensión, en la intolerancia, en el egoísmo, en el abandono, ¿cómo voy a ser Luz de Cristo?, ¿cómo voy a mantener mi lámpara encendida?

Que logremos todos mantenernos pendientes y atentos a nuestro aceite, y no esperar a que se consuma para entonces rellenar nuestra lámpara. Que en nuestra vida se manifieste el poder del Espíritu Santo, para seguir iluminando y alumbrando nuestro hogar, nuestra familia, nuestro trabajo, nuestra iglesia, nuestra comunidad. El Señor nos llama a que mantengamos nuestras lámparas encendidas. Que mantengamos suficiente aceite para que podamos mantener la lámpara de nuestra vida siempre encendida, siempre ávida para Cristo. Debemos ser seguidores de Jesús proclamando y llevando su palabra y su luz al mundo.

Hermanos en Cristo, permitamos pues que el Señor mantenga nuestras vidas encendidas.

Oremos juntos: *Señor, te pedimos que nos ayudes a mantener nuestras lámparas encendidas con tu luz y tu aceite. Que tu Espíritu Santo nos guíe y nos fortalezca en todo momento, para que podamos ser luz en el mundo y llevar tu Palabra a aquellos que aún están en tinieblas. Ayúdanos a mantenernos en la fe y a reconocer cuando nuestra lámpara necesita ser rellenada con más aceite de tu Palabra. Gracias por ser nuestra guía y protector en todo momento. En el nombre de Jesús, Amén.*

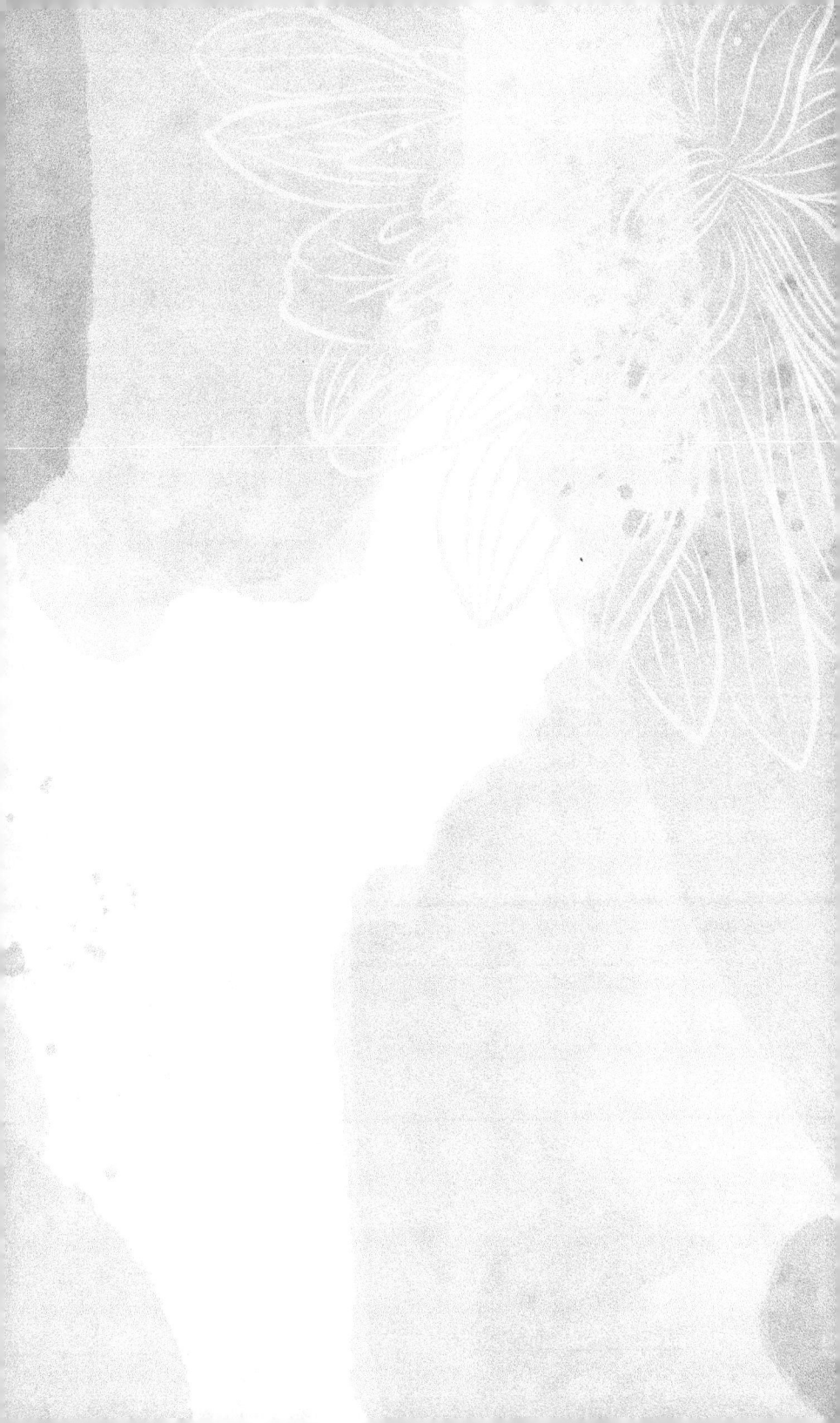

Devocional Soy Mujer Valiosa
Venciendo los desafíos y cultivando las virtudes que nos hacen valiosas en las manos de Dios

IVELISSE MEDINA

Miembro destacado de
La Academia Guipil: Escribe y Publica Tu Pasión

COMUNIDAD
Mujer Valiosa

Academia Güipil
- ESCRIBE Y PUBLICA -
Tu Pasión

CON REBECA SEGEBRE

Escribe palabras que impacten y transformen vidas.

AcademiaGuipil.com

Comunidad - Inspiración - Desarrollo

EN BUSCA DE FORTALEZA Y CONSUELO

"Yo soy el Señor, tu sanador"
Éxodo 15:26

Próximamente celebraré el cumpleaños de mi hijo menor, quien perdió su visión hace seis años. Aún recuerdo aquel día, aquella llamada y la voz de mi hijo mayor diciéndome: "mami, tienes que venir, te necesitamos, mi hermano se quedó ciego". El día anterior había cumplido 23 años de vida. Además, perdió a su padre cuando tenía 4 años. Para mí, fue un duro golpe, porque era la segunda vez que ocurría y tenía que criar a otro hijo sola. Sin embargo, decidí creer en Dios: "Padre de huérfanos y defensor de viudas es Dios en su santa morada" (Salmos 68:5 RVR1960).

Para una madre, una mala noticia sobre la salud de un hijo es una agonía. "Muchas son las aflicciones del justo, pero de todas ellas le librará Jehová" (Salmos 34:19 RVR1960). Pero mi batalla apenas comenzaba. Me trasladé a otro país en cuestión de días, sin mirar atrás. Sabía que no regresaría porque Dios ya había hablado a mi vida. Solo estaba contestando una petición que había mantenido durante muchos años. Fueron años difíciles entre hospitales, operaciones y soledad. Renuncié a mi trabajo y me dediqué a cuidar y atender a mi hijo. Solo conté con el apoyo de mi familia. Otros corrieron y me dejaron sola, pero era Dios zarandeando mi vida. "El Señor protege al extranjero y sostiene al huérfano y a la viuda, pero frustra los planes de los impíos" (Salmos 146:9 NVI). Sin embargo, el Rey de reyes, en su infinito amor y misericordia, no me abandonó. Dios siempre es fiel: "Mira que te mando que te esfuerces y seas valiente; no temas ni desmayes, porque Jehová tu Dios estará contigo en dondequiera que vayas" (Josué 1:9 RVR1960).

Mientras tanto, sentía mi vida hecha pedazos, angustiada, llena de un gran dolor y con demasiadas lágrimas. La ansiedad me envolvió, me encontraba atada a la desesperación y en algún momento le reclamé a Dios por mi situación y la de mis hijos. Recordé la historia de la viuda de Naín, quien perdió a su esposo y luego a su hijo. Esa mujer amaba a Dios, pero se sintió sola, abandonada y olvidada. Sin embargo, Dios siempre llega a tiempo. En su duelo final, ya en la entrada de la ciudad, Jesucristo mostró su gloria realizando un hermoso milagro de vida. Resucitó a su hijo y sanó su dolor.

Así me sentía en aquel momento, pero como la viuda de Naín, aprendí de mi proceso. Retomé mi alabanza al Padre, comencé a leer la Biblia y a orar diariamente, clamando al Creador, tratando de entender mi quebrantamiento y luchar para sanar. No podía permitir que pensamientos negativos me llenaran de amargura. Quería recuperar mi vida y salir del pozo de la desesperación. Cada día escuchaba música cristiana y, a medida que pasaban los meses, comencé a sentir en mi interior un renacer. Mi fe aumentaba con gran fervor y las melodías me llenaban de paz y tranquilidad. Llegó esa paz que solo Dios sabe dar. El ambiente en casa mejoró, pero cada día era un reto. No podía cambiar mi pasado, pero sí podía construir un mejor futuro para mis hijos con Dios de la mano. Confié en las promesas de Dios: "No se inquieten por nada; más bien, en toda ocasión, con oración y ruego, presenten sus peticiones a Dios y denle gracias. Y la paz de Dios, que sobrepasa todo entendimiento, cuidará sus corazones y sus pensamientos en Cristo Jesús." Filipenses 4:6-7 (NVI).

Con el tiempo, mi hijo afinó sus oídos y comenzó a tomar clases de música. Ahora toca el piano y yo escucho sus melodías. Ha sido mi lección de vida. Me ha dicho que Dios le cerró los ojos, pero ahora ve más que antes porque tiene los míos. Isaías 43:18-19 (RVR1960) dice: "No os acordéis de las cosas pasadas, ni traigáis a memoria las cosas antiguas. He aquí, yo hago cosa nueva". Hoy tenemos un gran vínculo y es mi motor de vida. Ambos nos entrelazamos en las notas musicales y compartimos lo mejor que Dios nos ha dado: su amor. Salmo 36:7 (NVI) dice: "¡Cuán precioso, oh Dios, es tu gran amor! Todo ser humano halla refugio a la sombra de tus alas".

Hoy puedo mirar todo el camino recorrido como mujer de Dios y quiero enseñar mis cicatrices con orgullo. Fui restaurada y sanada por un Dios único, creador del universo. Su hijo "tomó nuestras enfermedades y llevó nuestras dolencias" (Mateo 17, RVR1960). Las sagradas escrituras tienen el poder de sanar las dolencias del alma. Cuando decides reavivar tu pacto con el Padre, adquieres todo lo que necesitas. La fórmula es única: creer en Dios y confiar en su infinito amor porque Él siempre es fiel. Como dijo el apóstol Pablo en 2 Corintios 12:9 (RVR1960): "Y me ha dicho: Bástate mi gracia; porque mi poder se perfecciona en la debilidad. Por tanto, de buena gana me gloriaré más bien en mis debilidades para que repose sobre mí el poder de Cristo".

Oremos juntas: *Padre celestial, te pedimos que guíes al lector que ha llegado hasta aquí en busca de fortaleza y consuelo. Permítele entender que en los momentos de adversidad, Tú estás presente para ofrecer paz y sanidad. Ayúdalo a retomar su alabanza hacia ti, a leer tu palabra y a orar diariamente, para que pueda encontrar el camino hacia la renovación y la restauración. Concede que pueda confiar en tus promesas y que reciba tu paz que sobrepasa todo entendimiento. Haz que sus dificultades sean una oportunidad para crecer en su fe y para construir un futuro mejor, con tu ayuda y amor incondicional. En el nombre de Jesús oramos. Amén.*

Devocional Soy Mujer Valiosa
Venciendo los desafíos y cultivando las virtudes que nos hacen valiosas en las manos de Dios

MARIELA ARRIETA

Miembro destacado de
La Academia Guipil: Escribe y Publica Tu Pasión

Academia Güipil
- ESCRIBE Y PUBLICA -
Tu Pasión

CON REBECA SEGEBRE

Escribe palabras que impacten y transformen vidas.

AcademiaGuipil.com

Comunidad - Inspiración - Desarrollo

DIOS SANA EN EL GIMNASIO

"No temas, porque yo estoy contigo; no desmayes, porque yo soy tu Dios que te fortalezco; siempre te ayudaré, siempre te sustentaré con la diestra de mi justicia"
Isaías 41:10

¿Puedes creer que Dios puede sanar en un gimnasio? ¡Yo sé que sí! Él hizo exactamente eso en mi vida. Dios me sanó de opresión, baja autoestima y cambió mi mentalidad de víctima a vencedora, todo mientras estaba en medio de caminadoras, elípticas y pesas. Cuando era niña, usaba la comida como un ancla debido a los tiempos difíciles en mi familia, y esto me llevó a tener un problema de peso. Me sentía fea, fracasada y avergonzada, lo que me hizo creer que nadie me quería. Sin embargo, cuando comencé un programa de recuperación en mi iglesia y empecé a hacer ejercicio como parte de mi recuperación, mi vida comenzó a cambiar.

Aunque al principio me sentía incómoda en el gimnasio, aprendí cómo hacer ejercicio, usar las máquinas y las pesas correctamente. Gané condición y hasta corrí mi primera carrera de 5 kilómetros. Dios estaba trabajando en mí mientras yo entrenaba, y en medio de mi preparación para la carrera, entendí que mis entrenamientos eran como dar vueltas alrededor del muro de Jericó y que el día de la carrera era como tocar trompeta y Dios iba a derribar muros de fracaso en mi vida. Sin embargo, aunque había avanzado mucho, mi mentalidad de víctima todavía estaba presente en mi mente. Me sentía incómoda y fuera de lugar en el mundo del deporte y el ejercicio, pensando que solo era para personas fuertes y valientes. Pero Dios tenía otros planes para mí. Hace un año, decidí regresar al gimnasio por mi cuenta y descubrí que el Espíritu Santo sería mi entrenador. En mi primer día de entrenamiento, comencé a sentir la falta de aire y el dolor de las piernas. Pensé en parar, pero escuché una voz en mi mente que me dijo: "¡No pares! ¡Pelea! Lucha contra el enemigo. ¿Te vas a dejar vencer?".

En ese momento, supe que estaba en una batalla contra el enemigo, y aunque me costaba respirar y mis piernas dolían, decidí no rendirme. Comencé a luchar y a avanzar mientras peleaba con la espada de la palabra de Dios en mi mente y en mi corazón. Peleé muchas batallas en el gimnasio en medio de lágrimas y sudor, y aunque no ha sido fácil, sé que Dios me ha sanado al enfrentar mis miedos y limitaciones. Me ha transformado de víctima a vencedora, y ahora soy una mujer virtuosa que ciñe de fuerza sus lomos y esfuerza sus brazos para bendición de los demás. Así como el pueblo de Israel pasó por el desierto para ser forjado como guerreros valientes y enfrentar gigantes, Dios nos guía a través de nuestros desiertos para prepararnos y fortalecernos. Somos mujeres valientes y esforzadas que avanzamos con la verdad de que somos más que vencedoras en Cristo Jesús.

¿Estás luchando en una batalla similar? Recuerda que Dios puede sanar en cualquier lugar.

¿Te has sentido alguna vez como la Mariela del devocional? Con baja autoestima, luchando contra la opresión y la mentalidad de víctima. Tal vez no se trate de luchar en el gimnasio, pero todos tenemos nuestras propias batallas, nuestros propios desiertos, donde Dios nos está forjando para su propósito. La buena noticia es que, al igual que Mariela, podemos confiar en que Dios es maravilloso y muy creativo. Él nos puede sanar en cualquier lugar, incluso en un gimnasio. Él puede tomar nuestras debilidades y convertirlas en fortalezas, nuestras inseguridades y transformarlas en confianza en Él.

Quizás tengas un problema que estás arrastrando desde la infancia, o tal vez te enfrentas a un desafío en este momento que parece imposible de superar. Pero quiero recordarte que tenemos un Dios que es más grande que cualquier problema, más fuerte que cualquier adversidad, y más poderoso que cualquier enemigo. Él nos promete que podemos hacer todas las cosas en Cristo que nos fortalece (Filipenses 4:13). Así que, si estás luchando con baja autoestima, opresión o cualquier otro problema, recuerda que no estás sola. Dios está contigo, y Él puede sanarte, transformarte y llevarte a la victoria. Permítele ser tu entrenador, tu guía, tu fuerza y tu refugio. Él puede ayudarte a ceñir tus lomos y a esforzar tus brazos para cumplir su propósito en tu vida.

Recuerda siempre que eres una hija valiente y esforzada de Dios, y que puedes avanzar con esa verdad para vencer gigantes y tomar tu tierra prometida con el único propósito de bendecir a los demás, no importando donde te encuentres. ¡Sigue adelante con fuerza, porque eres más que vencedora en Cristo!

Oración: *Padre celestial, te agradecemos por tu amor y tu fidelidad hacia nosotros. Te pedimos que fortalezcas a todos los que lean este devocional, que les des la confianza y la fuerza para superar cualquier dificultad. Ayúdanos a confiar en que tu poder y tu gracia son suficientes para sanarnos, transformarnos y guiarnos hacia tu propósito. Que podamos recordar siempre que somos tus hijas amadas y valiosas, y que con tu ayuda podemos vencer cualquier obstáculo. Gracias por ser nuestro refugio y nuestro entrenador en la vida. En el nombre de Jesús. Amén.*

Devocional Soy Mujer Valiosa
Venciendo los desafíos y cultivando las virtudes que nos hacen valiosas en las manos de Dios

ALFA YAÑEZ

Autora del libro "El Lado Positivo del Abandono"
Líder en la *Comunidad Mujer Valiosa*
Miembro destacado de *La Academia Guipil:*
Escribe y Publica Tu Pasión

Publicado por *Editorial Güipil*

EditorialGuipil.com/alfa

COMUNIDAD
Mujer Valiosa

SOY MUJER VALIOSA
La búsqueda del amor, la felicidad y la paz

Academia Güipil
- ESCRIBE Y PUBLICA -
Tu Pasión

CON REBECA SEGEBRE

Escribe palabras que impacten y transformen vidas.

AcademiaGuipil.com

Comunidad · Inspiración · Desarrollo

LA PINTURA DE LA VOZ

*Si, como dice Voltaire,
"La escritura es la pintura de la voz",
entonces te invito a pintar tu propia obra.*

Cuando uno ha pasado gran parte de su vida callado, precisamente porque la soledad y el silencio te acurrucan, llega un momento en que tienes tanto que decir, tanto que gritar, tanto que enfrentar. Así que un día empecé a hablar callado. Y te preguntarás, ¿cómo? Bueno, hoy que aparecen hilos de plata en mis sienes, pecas en los brazos y manchas de edad en mi rostro, me doy cuenta de que empecé a hablar callado cuando tuve en mis manos un pequeño diario. Yo tendría unos 10 años cuando comencé a escribir en esas páginas en blanco todo lo que me acontecía. Ese diario rojo, impreso con corazones dorados, tenía una llave, y ahí nadie podía husmear mis sentimientos ni pensamientos. Ahí era libre, mis fantasías y mi realidad me llevaban a escribir.

Después de varios cambios de casa e incluso de estados, ese diario apareció en una caja de recuerdos y con sus hojas amarillentas de más de 40 años guardado, todavía puedo leer con tinta indeleble todos esos sueños, aspiraciones y secretos que celosamente guardaba. Definitivamente, en él están plasmados momentos que marcaron mi niñez; en él describo bellas memorias, pero abundan más los escritos sobre el dolor de mi abandono y el rechazo de familiares.

Como les digo, eso fue en mi niñez, pero ya de mujer adulta, atravesé por una crisis y acudí con un profesional de la salud mental y me dijo que escribiera todo en una libreta, que sacara todo eso, pero me indicó que lo que yo cargaba no era reciente, ni culpa de nadie, sino que lo que yo traía lo venía arrastrando desde niña. Así lo hice, y la catarsis de escribir funcionó, retirando tanta ansiedad y estrés.

Hace unos años, de nuevo pasé por otra adversidad y las raíces de amargura, la falta de perdón, el orgullo herido, el coraje por injusticias, la humillación y la traición me endurecieron el alma, y mi corazón estaba hecho pedazos.

En mi cabeza había estos tipos de pensamientos: "Se suponía que me amaba", "¿cómo fue capaz?", "¿qué hice para merecer esto?", "¿y ahora qué va a ser de mí?", "no valgo nada", "se burlaron de mí", "que se acabe el día para dormirme y no pensar más". Me la pasaba llorando, día y noche, literalmente, y me daba más vergüenza que me vieran con los ojos hinchados, propios y extraños. Esto se agravaba y me daba coraje conmigo misma, era algo que no tenía fin.

Hasta que un día, me quité el traje de víctima, aprendí lo que era el duelo, el desapego y las creencias limitantes y lo más importante, empecé a buscar a Dios. El conocimiento de que tengo un Padre Celestial, una fe diligente y mi verdadero arrepentimiento, produjeron un cambio en mi corazón. Ahora me dedico a escribir un blog y publiqué mi libro "El lado positivo del Abandono", también he colaborado en diversas publicaciones. El escribir ha sanado mi alma, mi cuerpo y mi espíritu.

Amiga, estoy segura de que tu historia difiere de la mía, pero apuesto a que tenemos algo en común, pues el dolor y temor que provocan la culpa o la vergüenza hacen sus estragos en todo ser humano. Por lo tanto, de manera sencilla e inmediata, empieza a escribir un journal o un diario para que sanes tu alma, dejes el dolor y tengas el gozo de vivir plenamente, conforme al diseño original de Dios. Si tu Padre Celestial te indica seguir creando contenido para que impacte en la vida de muchos, sé obediente a Su llamado y prepárate para vivir una gran aventura. ¡A mí me ha transformado la vida de una manera inefable!

El escribir no es solo para dejar registro de tus vivencias, te ayuda a reflexionar y dar sentido a momentos difíciles. Aunque sea un texto para ti y no lo compartas, es un ejercicio profundo que te permite aprender y dar valor a tus propias experiencias.

Mira lo que nos dice el máximo libro respecto a escribir:

• Dios le dijo a Jeremías: "Escribe en un libro todas las palabras que te he hablado".

• Pablo le dijo a los Corintios: "Vosotros sois nuestra carta, escrita en corazones, conocida y leída por todos los hombres, siendo manifiesto que sois carta de Cristo redactada por nosotros, no escrita con tinta, sino con el Espíritu del Dios vivo; no en tablas de piedra, sino en tablas de corazones humanos" (2 Corintios 3: 2-3).

• Salomón nos indica en los Proverbios: "La misericordia y la verdad nunca se aparten de ti; átalas a tu cuello, escríbelas en la tabla de tu corazón".

Oremos juntas: *Señor, dicta a mi corazón lo que quieres que aprenda y cambie, con tu tinta indeleble de amor, llena mis pensamientos y acciones, que mi vida sea tu carta blanca para que plasmes y yo pueda comunicar tu amor a todo prójimo. Sé tú sobre mi vida sanando mi alma y liberándola a través de la escritura. Imprime tu conocimiento y sabiduría en los corazones que lean tu Palabra. En el nombre de tu Hijo Jesús. Amén.*

Devocional Soy Mujer Valiosa
Venciendo los desafíos y cultivando las virtudes que nos hacen valiosas en las manos de Dios

CLAUDIA DE JESÚS

Miembro destacado de
La Academia Guipil: Escribe y Publica Tu Pasión

Academia Güipil
- ESCRIBE Y PUBLICA -
Tu Pasión

CON REBECA SEGEBRE

Escribe palabras que impacten y transformen vidas.

AcademiaGuipil.com

Comunidad · Inspiración · Desarrollo

DEJAR EL MONTE Y AVANZAR HACIA LA PROMESA

"Habéis estado bastante tiempo en este monte"
Deuteronomio.1:6

¡Este pasaje de las Escrituras es muy significativo para mí!

Sin duda, Dios necesitaba llamar mi atención a través de la historia que se narra aquí. Yo había tenido sueños y otras experiencias mediante las cuales Dios me había hablado, no solo respecto a mi futuro, sino también sobre mis deseos. Y Dios lo sabía mejor que yo, él conocía cuál era el día correcto para exhortarme, cuál era el día para que comenzara a andar.

Para que entiendas un poquito mejor, te cuento que el pueblo de Dios, en este capítulo, escucha a Moisés resumir todo lo que había sido el peregrinaje de ellos durante cuarenta años. ¡Cuarenta años! ¿Puedes creer esto? Cuando en realidad ese viaje debería de haber durado unos pocos días, sin embargo, por lo obstinado de sus corazones, Dios tuvo que tomarse un tiempo para preparar sus vidas y que sus corazones fueran obedientes.

En este pasaje, el pueblo ya estaba listo, conocían muy bien la diferencia entre lo bueno y lo malo, lo que agradaba a Dios y lo que le desagradaba. Es por esta razón que después de recordarles todo su tránsito les dice: "Habéis estado bastante tiempo en este monte". Ahora Dios no quería que ellos estuvieran quietos, ni que se acostumbraran a estar allí.

Así como estos versos de Deuteronomio nos muestran que la condición y el estar quietos del pueblo desagrado a Dios y él tuvo que llamarles la atención, así lo tuvo que hacer conmigo. Como al pueblo, Dios necesitó mostrarme mi condición actual. Yo estaba quieta, estática, cómoda en mi espacio de hacer cosas buenas para Dios. Sin embargo, si permanecía así él no podría usar mis dones como quiere.

Ese día, Dios me pidió que salga de mi "monte", que me mueva de allí, a donde él me estaba indicando. Fue como si mis ojos fueran limpiados de una neblina que no me permitía ver más y me hace ver un plan mayor para mí. Mis ojos espirituales estaban siendo sanados y ahora que recibía esa sanidad, me comenzó a dar indicaciones. Observa el versículo 7 conmigo: "Volveos e id al monte del amorreo..." ¿Te das cuenta, amiga? Le cambia el monte. Antes habían estado en el monte de la comodidad, de estar tranquilos, sin sobresaltos y ahora los lleva al monte de la conquista.

Estoy segura de que, así como me pasó a mí, te puede estar pasando a ti. Hay etapas en nuestra vida en las que solo nos quedamos quietas y nos acostumbramos, y hasta nos empieza a gustar no complicarnos demasiado. Sin embargo, mientras nos acostumbramos a esto, nos vamos olvidando de las promesas que Dios nos hizo, a veces las vemos como algo lejano que solo unos pocos alcanzan.

Ciertamente, Dios tiene una visión para tu vida como la tiene para mí, pero mientras no me atreví a salir de mi zona de confort, mientras disfruté seguir en esa "montaña", no había forma de moverme a la próxima montaña.

Analizando este pasaje de Deuteronomio 1:6, podemos entender que Dios no quiere que nos estanquemos en una sola etapa de nuestra vida, sino que debemos avanzar hacia el plan que Él tiene para nosotros. A veces, nos acostumbramos a estar en nuestra zona de confort y dejamos de avanzar, olvidando las promesas que Dios nos ha hecho y las visiones que Él ha puesto en nuestros corazones.

Pero Dios nos llama a salir de nuestro "monte" de comodidad y a avanzar hacia el "monte de la conquista". Al igual que en el pasaje bíblico, Dios quiere que avancemos hacia lo que Él tiene preparado para nosotros. Él tiene un plan para cada uno de nosotros y es importante que nos dejemos guiar por Él, para alcanzar lo que nos ha prometido.

Por eso, te invito a reflexionar sobre ¿Cuál es el "monte" en el que te encuentras ahora mismo? ¿Estás estancado en alguna área de tu vida? ¿Qué áreas de tu vida Dios te está desafiando a avanzar?

No tengas miedo de salir de tu zona de confort y avanzar hacia la conquista de lo que Dios tiene preparado para ti. Él te ha prometido grandes cosas y está trabajando en tu vida para prepararte para ellas. Si le permites sanar tu corazón y seguir su guía, podrás alcanzar todo lo que Él tiene para ti.

Recuerda que, al avanzar hacia tu "monte de la conquista", también estarás abriendo el camino para que otros puedan seguir tus pasos y conquistar lo que Dios tiene para ellos. Confía en Él, sigue su guía y verás la victoria en tu vida. ¡Con Dios, todo es posible!

Academia Güipil
- ESCRIBE Y PUBLICA -
Tu Pasión

CON REBECA SEGEBRE

Escribe palabras que impacten y transformen vidas.

AcademiaGuipil.com

Comunidad · Inspiración · Desarrollo

VALORANDO LA ESENCIA:
LECCIONES DE AMOR Y DIGNIDAD EN EL CUIDADO DE PACIENTES CON ALZHEIMER

Amémonos los unos a los otros con amor fraternal, respetándonos y honrándonos mutuamente.
Romanos 12:10 (NVI)

Querida amiga, hoy quiero hablar contigo sobre la importancia de valorar la esencia de quienes forman parte de nuestra vida. En ocasiones, podemos dar por sentado a las personas que nos rodean y olvidarnos de lo valioso que es tenerlas a nuestro lado.

En mi experiencia personal, he tenido la bendición de conocer a personas maravillosas que han dejado una huella profunda en mi vida. Entre ellas, mi querida Teresita, quien formó parte de mi crecimiento como persona y de mi familia. A través de su amor y ternura, ella nos enseñó el valor de la paciencia, la compasión y la perseverancia.

Sin embargo, Teresita fue diagnosticada con Alzheimer, lo que significó un proceso difícil para ella y para su familia. A pesar de las dificultades, ella nunca perdió su esencia, su esencia de amor y bondad, y eso es lo que debemos recordar de ella y de todas las personas que nos rodean.

En este camino, aprendí la importancia de tomar notas y detalles para poder ofrecerles un mejor estilo de vida y vivir con dignidad hasta el final. Y es por eso que quiero animarte a que tú también tomes nota de las pequeñas cosas que hacen que la vida sea valiosa.

Cada persona es única y tiene una esencia especial que debemos valorar y cuidar. No dejes que el ajetreo de la vida te impida detenerte y apreciar la belleza que hay en las personas que te rodean. Agradece a Dios por la vida de cada uno de ellos y ora para que les bendiga y les proteja siempre.

En este momento, te invito a que cojas lápiz y papel, o tu tableta, y empieces a escribir todas aquellas cosas que te hacen sentir agradecida por las personas que forman parte de tu vida. Deja que estas notas te sirvan como recordatorio de lo valioso que es tener a esas personas a tu lado.

Recuerda el versículo de Proverbios 17:17: "En todo tiempo ama el amigo, y es como un hermano en tiempo de angustia". Valora a tus amigos y familiares, y recuerda que ellos son un regalo de Dios en tu vida.

A veces olvidamos valorar la esencia de las personas que nos rodean. Nos enfocamos en sus defectos y en las situaciones que nos molestan, en lugar de apreciar lo que nos aportan y lo que nos enseñan. Pero cuando enfrentamos una enfermedad como el Alzheimer, aprendemos a valorar cada pequeño detalle y cada momento de lucidez como un tesoro invaluable.

Teresita y mi padre me enseñaron que el amor y la paciencia son fundamentales en el cuidado de una persona con Alzheimer. Aprendí a tener empatía y comprensión hacia ellos, a no juzgar sus acciones ni su comportamiento, y a ponerme en su lugar para entender lo que estaban pasando. También aprendí a ser creativa y flexible, a adaptarme a sus necesidades y a buscar soluciones prácticas para los retos que se presentaban.

Pero sobre todo, aprendí a valorar la esencia de mis seres queridos, más allá de su enfermedad o de sus limitaciones. Descubrí que aún en los momentos más difíciles, ellos seguían siendo las mismas personas llenas de amor y de sabiduría que habían sido siempre. Y que a pesar de las limitaciones físicas o mentales, su esencia seguía siendo igual de valiosa y digna de respeto.

Así que te invito a que valores la esencia de las personas que forman parte de tu vida. Aprende a ver más allá de sus defectos y limitaciones, y a enfocarte en lo que te aportan y en lo que puedes aprender de ellas. No esperes a que enfrentes una situación difícil como el Alzheimer para hacerlo, sino hazlo ahora mismo. Toma tu lápiz y papel o tu tableta, y empieza a escribir todo lo que valoras de las personas que te rodean. Verás cómo esto te ayuda a fortalecer tus relaciones y a cultivar un corazón agradecido y compasivo.

Oremos juntas: *Señor, enséñame a valorar la esencia de las personas que forman parte de mi vida. Ayúdame a ver más allá de sus defectos y limitaciones, y a enfocarme en lo que me aportan y en lo que puedo aprender de ellas. Dame el amor y la paciencia necesarios para cuidar a los enfermos y a los más vulnerables, y ayúdame a ser creativa y flexible para encontrar soluciones prácticas a los retos que se presenten. Gracias por la lección que aprendí a través de Teresita y mi padre, y por la oportunidad de valorar la esencia de mis seres queridos cada día. En el nombre de Jesús. Amén.*

Devocional Soy Mujer Valiosa
Venciendo los desafíos y cultivando las virtudes que nos hacen valiosas en las manos de Dios

MARIA TREJO CASTILLO

Miembro destacado de
La Academia Guipil: Escribe y Publica Tu Pasión

COMUNIDAD
Mujer Valiosa

Academia Güipil
- ESCRIBE Y PUBLICA -
Tu Pasión

CON REBECA SEGEBRE

Escribe palabras que impacten y transformen vidas.

AcademiaGuipil.com

Comunidad - Inspiración - Desarrollo

LIBERTAD EN CRISTO:
LA HISTORIA DE
LA MUJER ENCORVADA

"Enseñaba Jesús en una sinagoga en el día de reposo; y había allí una mujer que desde hacía dieciocho años tenía espíritu de enfermedad, y andaba encorvada, y en ninguna manera se podía enderezar. Cuando Jesús la vio, la llamó y le dijo: Mujer, eres libre de tu enfermedad. Y puso las manos sobre ella; y ella se enderezó luego, y glorificaba a Dios."
Lucas 13:11-13 RVR1960

Dice la Palabra de Dios que Jesús estuvo frente a una mujer que tenía un espíritu de enfermedad y andaba encorvada sin poder enderezarse. Cuando Jesús la vio, la llamó y le dijo: "Mujer, eres libre de tu enfermedad", y puso sus manos sobre ella. Inmediatamente, la mujer se enderezó y glorificó a Dios. Así estaba yo, cuando mi amado Jesús me encontró. Las cargas eran tan pesadas que no podía enderezarme. Había tanto dolor en mi corazón, tanta angustia, tanto temor. En ese momento, tenía cuatro hijos: Olivia, mi hija mayor, de 10 años, Daniel, de 7 años, Leo, de 5 años y Sean, de 3 años. Mi esposo tenía un trabajo con un salario mínimo y fuimos rechazados completamente por la familia de mi esposo. Recuerdo que cuando era pequeña, fui rechazada por la familia de mi madre y de mi padre.

Ahora, se repetía la historia. En nuestros países latinos, si no tienes un apellido o un nombre que te levante, algo que te haga reconocido como alguien importante, no vales nada para nadie, incluso para tu propia familia. En realidad, los motivos sobraban para no ser aceptada, pues era una mujer divorciada. Me divorcié a los 23 años porque mi esposo era alcohólico y no estaba dispuesto a cambiar su vida.

Decidió irse fuera del país y tuve 2 hijos en mi primer matrimonio que no duró más de 5 años. Y para rematar, era pobre. Sí, me identificaba mucho con la historia de la mujer encorvada de Lucas 13:10-13.

Estaba tan encorvada que no podía levantar mi mirada. Todo esto era humillante, me convertía en alguien que no merecía un lugar de honor. Pero en esa situación, alguien tan importante y poderoso como Jesús puso sus ojos en mí, extendió su mano y me tocó con un maravilloso toque que me liberó de mi pesada carga. Había llevado esta carga no por 18 años, sino por 30 años. Pero Jesús puso su mano sobre mí, sanó mi alma, mi cuerpo, vendó las heridas de mi corazón, me limpió completamente, me llenó de su amor, me puso un vestido nuevo, me calzó, me selló con su amor y con su Espíritu.

Lo mejor de todo es que me dio un nombre nuevo que me convirtió en alguien importante. Ahora me había convertido en la hija del Rey, en su princesa. Desde ese momento, camino en su cobertura, todo lo que haga será en su cobertura. Tengo alguien que me ama, que me acepta y que va a guiar mis pasos. Su Santo Espíritu está dentro de mí, ya no cuenta mi apariencia, sino lo que Él ve en mi corazón.

Así como esta mujer, yo también había llevado una carga muy pesada por muchos años. Me sentía encorvada por la vergüenza y el dolor que llevaba dentro. Pero Jesús, en su gran amor y misericordia, se acercó a mí y me tocó con su poder sanador. Me liberó de mis cadenas y me dio una nueva identidad como hija del Rey.

En este mundo lleno de presiones y expectativas, es fácil sentirnos como si no tuviéramos valor o importancia. Pero Dios nos recuerda que somos preciosas a sus ojos y que nos ama con un amor incondicional. Él nos ha creado con un propósito y nos ha llamado a ser parte de su plan para traer su amor y su luz al mundo. En los momentos de oscuridad y desesperanza, recordemos la historia de la mujer encorvada y su encuentro con Jesús. Recordemos que no estamos solas y que nuestro Padre celestial está siempre con nosotras, dispuesto a sanar nuestras heridas y llevarnos a una vida de libertad y plenitud en él.

Si te encuentras en esta situación, recuerda que tenemos un Dios que nos ama tanto que fue capaz de dar a su Hijo por nosotros para que podamos ser salvos, libres y sanos en todas las áreas de nuestras vidas, ya sean físicas o emocionales, como Él me sanó a mí.

Si nunca le has entregado tu vida a Jesús, este es el momento para que lo hagas.

Dile: "Señor, te recibo en mi corazón como mi Señor y Salvador. Entrego mi vida a ti y reconozco que soy pecadora. Te pido perdón y creo que moriste por mis pecados y resucitaste al tercer día".

Pero si ya eres una hija de Dios y aún estás oprimida por alguna situación de tu vida pasada, declara las palabras que Jesús le dijo a esta mujer: "Yo, [tu nombre], soy libre de enfermedad en mi cuerpo o en mi alma por el poder de tu palabra, Señor Jesús, y por el poder de tu Santo Espíritu", como dice 2 Corintios 3:17: "Porque el Señor es el Espíritu; y donde está el Espíritu del Señor, allí hay libertad".

Que su amor y su paz sean con todas nosotras, amadas hijas de Dios.

Devocional Soy Mujer Valiosa
Venciendo los desafíos y cultivando las virtudes que nos hacen valiosas en las manos de Dios

ISADORA YURINA SUTTON

Miembro destacado de
La Academia Guipil: Escribe y Publica Tu Pasión

Academia Güipil
- ESCRIBE Y PUBLICA -
Tu Pasión

CON REBECA SEGEBRE

Escribe palabras que impacten y transformen vidas.

AcademiaGuipil.com

Comunidad · Inspiración · Desarrollo

EL PODER TRANSFORMADOR DEL AMOR Y LA FE:
DE LA NIÑEZ AL MIEDO A LA SOLEDAD

"Porque Dios no nos ha dado un espíritu de temor,
sino de poder, amor y de dominio propio."
2 Timoteo 1:7.

Hay heridas que en la vida vamos sufriendo y aunque dolorosas, algunas son necesarias para crecer y avanzar. El miedo, por ejemplo, es la condición humana de la que somos presa cuando nos enfrentamos a lo desconocido, al cambio, a lo que se escapa de nuestro completo control.

Soy hija única de una madre muy amorosa que quedó viuda siendo muy joven, así que nos quedamos solas en el mundo, con todo lo que esto implica económica, física y moralmente. Ella, mi madre, es la única referencia y ejemplo en cada aspecto de mi vida. Me enseñó a trabajar, se esforzó en estudiar, no dudaba en reír a carcajadas, podía pasar horas orando y en silencio, pero su mayor logro, según sus propias palabras, era haberme mostrado el camino a Jesús Nuestro Señor. –"Yo algún día no estaré más"-, me dijo una mañana. –"Pero tú ya le conoces y Él te ama mucho más de lo que yo pueda hacerlo"-.

Siendo yo aún niña, recuerdo haber sentido temor a tantas cosas: a los truenos, a las arañas, a la oscuridad y a leer en público. Qué tontería, pero todo lo que estaba fuera de mi seguridad me aterraba. Luego, fui creciendo y mis miedos fueron también evolucionando. Ya en mi juventud, el miedo más grande que sufrí era el pensar que un día mamá ya no estaría conmigo. Ahora sí, en verdad estaría completamente sola.

Sin embargo, el Señor que nos conoce desde antes de la fundación del mundo y nos ama con amor profundo, proveyó a mamá la sabiduría necesaria para sembrar Su Palabra en mí para cuando llegara el momento. Así que la buena señora, mi madre, dedicó su vida a buscar a Dios en la Palabra de Dios y tuvo la humildad necesaria de hacerse a un lado y dejar que el Espíritu Santo y no ella supliera todas mis necesidades y me confortara en tiempos difíciles.

Así pasaron los años y nos alcanzó una noche de abril. Mamá partía con el Señor y aunque la tristeza era profunda, la paz que me abrazaba al meditar en las promesas de Dios sobrepasaba el temor de ese momento. Hasta en la más mínima situación que debía enfrentar esta vez sola, la voz del Señor era clara en mi corazón: "No temas, porque yo estoy contigo; no desmayes, porque yo soy tu Dios que te esfuerzo; siempre te ayudaré, siempre te sustentaré con la diestra de mi justicia".

¡Ah, qué gran consuelo! La providencia de Dios es real. Qué sorpresa descubrirme más fuerte de lo que me pensaba y no por mérito propio, sino por el fruto de la palabra sembrada que nunca regresa vacía. La herida que deja la muerte de una madre es tan profunda que solo la Gracia de Dios puede sanar, abandonándonos a su misericordia y a su Palabra que es viva y eficaz.

Sí, hay heridas inevitables y necesarias para recordarnos que solo Dios basta, que solo en Él hay esperanza y paz. Yo soy testigo de Su abrazo en medio de la oscuridad. Mi fortaleza, alegría y paz en el presente son el fruto de la semilla de fe que mi madre sembró sabiendo que Dios la haría madurar.

Ahora, por favor, permíteme orar por ti y contigo. Quizá necesites tener la certeza de que tus hijos sabrán seguir la ruta hacia el Camino, la Verdad y la Vida que es Jesús, aún cuando ya no estés.

Oremos: *"Padre celestial, Tú que nos conoces y sabes lo que guarda nuestro corazón, concédenos la sabiduría para que, con amor y paciencia, sepamos sembrar en la vida de nuestros hijos tu palabra. Que ella sea una lámpara a sus pies para que no tropiecen en tiempos de dificultad. Ponemos en tus manos nuestros miedos e incertidumbres, con la certeza de que todo obra para bien de aquellos que te aman. Que sea Tu paz, la cual sobrepasa todo entendimiento, la que conforte a nuestros hijos en el día de la prueba. Lo pedimos en el bendito nombre de Nuestro Señor Jesucristo. Amén."*

Devocional Soy Mujer Valiosa
Venciendo los desafíos y cultivando las virtudes que nos hacen valiosas en las manos de Dios

ANA YAHELI SÁNCHEZ QUESADA

Autora del libro "Respondiendo al Llamado de Dios"
Líder en la *Comunidad Mujer Valiosa*
Miembro destacado de *La Academia Guipil:*
Escribe y Publica Tu Pasión

Publicado por *Editorial Güipil*

EditorialGuipil.com/AnaYaheli

Academia Güipil
- ESCRIBE Y PUBLICA -
Tu Pasión

CON REBECA SEGEBRE

Escribe palabras que impacten y transformen vidas.

AcademiaGuipil.com

Comunidad - Inspiración - Desarrollo

¡EL SEÑOR ME HA SACADO DEL SEPULCRO!

"En su angustia clamaron al Señor,
Y él los salvó de su aflicción. Envió su palabra para sanarlos,
y así los rescató del sepulcro"
Salmo 107:19-20

Mientras voy por el sendero de la vida, encuentro piedras que entorpecen mi caminar. Algunas son fáciles de arrojar al otro lado del camino. Sin embargo, hay piedras que han entorpecido mi crecimiento espiritual. Esas piedras han causado angustia y dolor en mi vida. Pero nunca he dejado de confiar en el arquitecto que edifica mi alma; el médico que sana e ilumina mi vida: Jesús, mi Señor y mi Redentor.

El libro de Daniel cuenta cómo él fue arrojado al foso con los leones. Daniel había sido víctima de calumnias, críticas y envidia. Asimismo, Jesucristo "fue llevado como cordero al matadero delante de sus trasquiladores" (Isaías 53:7). Los cristianos, al configurarnos con Cristo, vivimos momentos de Pasión, como los que vivió nuestro Señor Jesucristo. No tengo dudas de que Daniel sintió gran angustia cuando se vio entre los leones, pero no desfalleció. Por su fe, perseveró en la oración. Cristo, al verse en la cruz, también sintió miedo, pero fue más fuerte su grito de clamor al Padre.

Como seres humanos, vivimos momentos de angustia en nuestras vidas. Hay un refrán que dice que la felicidad nunca es completa. ¿Será porque "sin cruz no hay resurrección"? No estamos exentos de sufrir enfermedades físicas ni espirituales. En la primera carta de Pedro, se nos recuerda que "nuestro enemigo el diablo, anda como león rugiente buscando a quien devorar" (1 Pedro 5:8).

En el momento que escribo este capítulo, me encuentro librando una gran batalla espiritual. He experimentado abandono, traición, calumnia y acoso de personas que siempre creí me tenían cierto afecto. Como a Daniel, entre leones, me ha enviado el Señor en mi centro de trabajo. Lo que antes traía alegría a mi vida, ahora me trae enfermedad y miedo. Nunca llegué a pensar que después de doce años de carrera profesional, aparentemente exitosa, estuviera viviendo un gran desgaste emocional. Las mañanas, camino al trabajo, se han convertido en agobiantes y estresantes. El miedo lo he somatizado, el dolor arropa mi cuerpo. Pero el Señor nunca me ha soltado de la mano.

Porque ante tanta angustia, he encontrado el rostro de Jesús en la bondad de mis amistades. Él me mira con misericordia. Tengo dos amigas, Judith e Iliana, que en mis ratos de descanso me llaman por teléfono y se unen en oración conmigo, a la luz de la Palabra. Sor Consuelo, una religiosa consagrada, me ha servido como una gran guía espiritual. En una ocasión, me hizo reflexionar sobre el momento de la Pasión de Cristo en el que me veía a mí misma. A veces olvidamos que nuestro Señor fue calumniado, humillado y abandonado por sus discípulos. ¿Por qué, entonces, dejarnos llevar por la depresión y la angustia? La depresión es el camino más fácil cuando no se tiene a Dios como centro de nuestras vidas. ¿Y si confiamos en Dios? Solo Él tiene la solución a nuestros problemas. Él nunca nos dará una prueba que no podamos soportar. Nosotros no tenemos el control, pero Él sí.

Todo este proceso me ha llevado a discernir con amor y paz. No miro con odio a quienes me acusan injustamente. Al contrario, me da pena ver que la maldad los ciegue y solo vean defectos donde hay tanto potencial. Les agradezco que hayan sido el instrumento que usó el Señor para forzarme a dar el gran salto de Fe en mi vida y cumplir mi verdadera misión.

La fábula del aguilucho cuenta cómo un águila fue criada como una gallina por un granjero que la encontró malherida en medio del camino. El granjero fue su samaritano en ese momento. La cuidó, la alimentó y la sanó, pero la veía como una gallina más dentro de su gallinero. El águila, siendo el rey de las aves, no aprendió a volar y perdió su identidad. Hasta que un día llegó un naturista a la granja y se sorprendió al ver que aquella águila no volaba. Reconoció el potencial de sus genes y la retó a volar. El águila descubrió su misión y emprendió el vuelo. Al escribir este capítulo, siento una gran paz en mi alma. Como el águila, siento que es el momento de salir de entre las gallinas y emprender mi vuelo. El Señor me quiere feliz, no llena de tristeza ni dolores de cabeza. El Señor me ama tal y como soy. Si dejara de ser como soy, si cambiara mi manera de actuar y de hablar, por lo que he sido fuertemente criticada, dejaría de ser la persona auténtica que soy. Perdería mi identidad.

En medio de la angustia, he aprendido que el Señor pelea mis batallas. Él ha permitido esta prueba para bendecirme y que se cumpla en mí su propósito. Él ha sanado mi alma con su bendición, trayendo paz y luz a mi vida. Han sido doce años entregada a una compañía que pocas veces ha reconocido mi potencial. Jesús ha llegado a sanar mi angustia, como sanó a la mujer que estuvo sangrando durante doce años (Mateo 9:20-22). ¡El Señor me ha sacado del sepulcro!

Oremos juntas: *Señor, que en medio de la angustia y la tribulación, tu palabra sea fuente de sanación para mi alma.*

Gracias, Señor, por permitirme vivir este proceso que me ha llevado a discernir tu voluntad. Gracias por no soltarme de la mano y por sostenerme en todo momento. Gracias por poner en mi camino a personas que me han servido de guía espiritual y de apoyo en momentos difíciles. Te pido, Señor, que sigas sanando mi alma y que me des fuerzas para seguir adelante en mi camino. Ayúdame a confiar en ti en todo momento y a no dejarme vencer por la depresión y la angustia.

Te pido también, Señor, que bendigas a todas aquellas personas que están pasando por momentos difíciles en sus vidas. Que les des la fortaleza y la sabiduría para discernir tu voluntad y para confiar en ti en todo momento. Que encuentren en ti la paz y la tranquilidad que necesitan para seguir adelante. Te doy gracias, Señor, por tu amor incondicional y por siempre estar a mi lado. Te pido que me des la sabiduría y la humildad para seguir cumpliendo tu voluntad y para ser de bendición a aquellos que me rodean. En el nombre de Jesús. Amén.

Devocional Soy Mujer Valiosa
Venciendo los desafíos y cultivando las virtudes que nos hacen valiosas en las manos de Dios

DIANA ZAMORA

Miembro destacado de
La Academia Guipil: Escribe y Publica Tu Pasión

Academia Güipil
- ESCRIBE Y PUBLICA -
Tu Pasión

CON REBECA SEGEBRE

Escribe palabras que impacten y transformen vidas.

AcademiaGuipil.com

Comunidad · Inspiración · Desarrollo

Herida del Abandono

"Antes de formarte en el vientre, ya te había elegido;
antes de que nacieras, ya te había apartado;
te había nombrado profeta para las naciones"
Jeremías 1:5

Esta herida, sin saber que la tenía desde el vientre de mi madre, fue la razón de muchas discordias, enfrentamientos, oposiciones que nos hicieron distanciarnos por un tiempo. Mi niñez fue normal como la de todos los niños, aunque fui hija única, siempre tuve un papel protagónico con mis padres. Era el centro de atención de mi madre, quien me cuidaba y me brindaba todo su amor. Me enseñó a caminar, a comer y a hablar. Pero sin darnos cuenta, ella y yo teníamos por dentro una gran bomba de tiempo que terminó estallando.

Cuando tuve ese encuentro personal con Dios y, a través de todo el proceso de sanación, me di cuenta de que tenía la herida del abandono. Desde que mis padres me concibieron, había duda, miedo, incertidumbre, inmadurez y comentarios malsanos de familiares que nunca faltan, como por ejemplo: "¿Qué van a hacer con un niño? Ustedes son dos jóvenes". En especial, mi mamá tan solo tenía 15 años cuando quedó embarazada. Una tía hermana de mi padre llegó a decirle que me abortara. Pero en la infinita misericordia de Dios, él ya tenía sus planes porque me conocía desde el vientre de mi madre. Al ser ella tan joven y mi papá tan solo con dieciocho años, no tenían ni siquiera donde vivir. Mi padre no había terminado ni siquiera sus estudios secundarios. Entonces, mis abuelos, al ver que ya eran una pareja de esposos porque se habían casado, los apoyaron y los invitaron a vivir con ellos. Claro que mi padre tenía que trabajar para ganarse la vida. Al poco tiempo, recién se graduó en ese entonces cursaba un colegio de pedagogía donde salían con el título de maestros y los nombraba el gobierno a cualquier lugar a enseñar. Tan solo tenía dieciséis años cuando iba a dar a luz, pero debido a su complicación por la preeclampsia, los médicos sabían que estábamos en peligro. La eclampsia era una amenaza real. Los doctores no podían hacerle cesárea, el parto ya estaba en proceso y tenían que decidir. Así que preguntaron a mi padre: "La vida de las dos está en peligro, ¿a quién decides salvar?" Mi padre no quería perdernos a ninguna de las dos, pues, aunque humildes y jóvenes, yo era su ilusión, su alegría, producto de su amor. Mi madre en estado crítico le preguntaron y sin dudarlo ella les dijo a los doctores: "Si tienen que salvar a una de las dos, que sea mi bebé". Así respondió, y es que no hay un amor más grande que el de una madre. Con su cuerpo todo hinchado, ella luchó hasta el final.

Al nacer, quedé en estado de coma por varias semanas. Desde ese momento, yo me sentí abandonada porque ella no pudo tomarme en sus brazos, no me amamantó desde el primer instante, no hubo esa cercanía, ese vínculo tan íntimo de hija con su madre, ese contacto físico, la mirada, las caricias, el afecto. Con razón, yo llegué a sentir un gran vacío porque ella se la estaba jugando entre la vida y la muerte. Yo pasé tiempo en el hospital en una incubadora, lo cual es un abandono afectivo que sufre esa criatura en esa etapa primaria de su desarrollo. Otra madre lactante que estaba dando a luz en ese momento me adoptó para alimentarme. Tome leche materna de otra persona, que Dios había puesto allí para que yo me fortaleciera y no muriera de hambre. Esa herida quedó tan profunda en mí, quizás en el inconsciente, pero estaba ahí, la niña abandonada. Aunque mi padre estaba ahí, me cargaba, mis abuelos, mis tíos, yo necesitaba a mi madre, ese vínculo que solo se da desde el primer instante.

Se ha comprobado que el feto tiene sensibilidad desde que está en el vientre de su madre. El feto siente desde entonces. Allí ya estaba antes de nacer sintiendo un rechazo porque mi madre quizás, inconscientemente debido a su dolor, me estaba pasando todas esas emociones físicas y emocionales. En resumen, mi experiencia de vida me ha llevado a comprender que las heridas emocionales pueden tener un impacto profundo en nuestras vidas y relaciones, incluso desde el vientre materno. Es importante ser conscientes de estas heridas y buscar ayuda para sanarlas, para poder vivir plenamente y no dejar que el dolor nos controle. También he aprendido que el perdón es fundamental en el proceso de sanación. Perdonar a los que nos han herido y perdonarnos a nosotros mismos por nuestras propias acciones y reacciones. Es un camino difícil, pero necesario para poder avanzar en nuestra vida y relaciones.

Después de superar mi herida del abandono, Dios me ha dado la oportunidad de viajar como misionera a varios países, especialmente a aquellos donde hay una gran necesidad de Dios. He podido compartir mi testimonio y ser una luz para aquellos que están pasando por dificultades similares a las que yo enfrenté. Es increíble ver cómo Dios puede transformar nuestras heridas en oportunidades para servirle y bendecir a otros.

Por eso, hoy quiero animarte a confiar en que Dios tiene un plan para tu vida y que te ha elegido desde antes de nacer. Él puede sanar tus heridas emocionales y usarlas para que seas una bendición para otros. Que la historia de mi vida te dé esperanza y fe en que Dios puede hacer algo hermoso con tus experiencias más dolorosas.

Oremos: Padre celestial, gracias por ser un Dios fiel que nos ama y nos conoce desde antes de nacer. Te pedimos que sanes nuestras heridas emocionales y que nos des la oportunidad de servirte y ser una bendición para los demás. Danos la fuerza y el coraje para perdonar y confiar en ti. En el nombre de Jesús, Amén.

COMUNIDAD
Mujer Valiosa

Academia Güipil
- ESCRIBE Y PUBLICA -
Tu Pasión

CON REBECA SEGEBRE

Escribe palabras que impacten y transformen vidas.

AcademiaGuipil.com

Comunidad · Inspiración · Desarrollo

VENCIENDO EN VICTORIA: UNA HISTORIA DE FE Y ESPERANZA EN DIOS

"Yo te fortaleceré y te ayudaré, y te sostendré con mi diestra victoriosa."
Isaías 41:10b (NVI)

Hoy te traigo un testimonio de fe y victoria en medio de las pruebas más difíciles. A través de mi vida, he experimentado muchos encuentros con Dios, y he visto Su mano poderosa en los momentos más oscuros. Cuando te sientes sin fuerzas y crees que todo está perdido, es allí donde Dios manifiesta Su gloria, porque Él es el único que puede liberarnos de aquello que parece imposible. Recientemente, mi familia y yo pasamos por una situación muy difícil, cuando fuimos secuestrados junto con mis dos hijos y mi esposo. Sentí que ya no podía más, pero clamé a Dios en mi angustia, y Él escuchó mi voz. A pesar de que parecía que no había solución, una puerta se abrió y fuimos liberados sanos y salvos.

Esa experiencia me hizo recordar que Dios cumple Sus promesas, y que no es un hombre para mentir ni un hijo de hombre para arrepentirse. Las misericordias de Dios nunca terminan, y Su fidelidad es grande. En medio de las pruebas, Dios nos muestra que Él es fiel, que guarda Su pacto y Sus misericordias hasta mil generaciones con los que le aman y guardan Sus mandamientos. Las pruebas y dificultades nos ayudan a salir de nuestra zona de confort y nos moldean el carácter. Pero cuando estamos agarrados de la mano de Dios, podemos saborear la victoria. Él nos protege, nos defiende y nos recuerda que no estamos solas, que somos amadas y especiales. Y aunque parezca que el proceso es temporal, nuestra historia no termina allí, sino que apenas comienza. En mi vida he visto cómo Dios ha transformado mi llanto en sonrisas, y cómo me ha levantado del polvo para cumplir Sus promesas en mi vida y en mi familia. Dios quiere actuar a favor nuestro, y cuando Él quiere hacer algo, nadie puede impedirlo. Confío en Él y sé que siempre me sostendrá, porque Él es el Gran Yo Soy, el Dios de toda la humanidad, y no hay nada imposible para Él. Es impresionante cómo la mano de Dios puede transformar nuestra vida y sanar nuestras heridas más profundas. Él es el único que puede hacernos sentir completas, restauradas y renovadas. A través de mi experiencia personal, he aprendido que la clave para encontrar esa sanidad y plenitud en Dios es confiar en Él y aferrarnos a sus promesas.

Aunque a veces las circunstancias pueden parecer abrumadoras y sentirnos solas en el dolor, debemos recordar que Dios siempre está a nuestro lado. Él nos escucha cuando clamamos a Él, y siempre tiene una respuesta. Como dice en su palabra: "En mi angustia invoqué al Señor, y clamé a mi Dios; desde su templo oyó mi voz, y mi clamor llegó delante de él, a sus oídos" (Salmos 18:6).

Cuando nos encontramos en momentos de desesperación, podemos confiar en que Dios está trabajando en nuestro favor, aunque no siempre lo podamos ver. Él nunca nos deja solas en la lucha, sino que nos protege y defiende con su mano poderosa. Debemos aferrarnos a su amor y su verdad, y creer que Él siempre cumplirá sus promesas. A través de mis pruebas y dificultades, he aprendido que las situaciones difíciles son necesarias para moldear nuestro carácter y hacernos más fuertes en Él. Incluso cuando todo parece perdido, podemos confiar en que Dios siempre tiene una salida, una solución y una victoria para nosotros. Él es el Dios de la victoria y el que nos lleva de triunfo en triunfo.

Así que hoy te animo a confiar en Dios en medio de las pruebas, y a aferrarte a Sus promesas. Él siempre pelea a nuestro favor, y la victoria es nuestra en Cristo Jesús. Como dijo David al filisteo, la batalla es del Señor, y Él nos entrega la victoria en nuestras manos. Levántate y mantente firme en la fe, porque Dios está contigo, y siempre estaremos de triunfo en triunfo y de victoria en victoria.

Que la paz de Dios que sobrepasa todo entendimiento, guarde tu corazón y tu mente en Cristo Jesús.

Oremos juntas: *Querido Dios, te agradecemos por tu presencia en nuestras vidas y por el amor incondicional que nos brindas cada día. Hoy, te pedimos que guíes a aquellos que leen estas palabras y les des la fuerza necesaria para superar cualquier dificultad que se les presente en el camino.*

Señor, sabemos que las pruebas y adversidades son parte de la vida, pero confiamos en que tú estás a nuestro lado para guiarnos y protegernos. Te pedimos que nos concedas la sabiduría para discernir el camino que debemos seguir y la fortaleza para perseverar en momentos difíciles.

Ayúdanos a recordar que siempre podemos contar contigo, que eres nuestro refugio seguro y nuestra fortaleza en tiempos de necesidad. Danos la fe necesaria para confiar en tus planes para nuestras vidas y para recordar que siempre estás trabajando en nuestro favor.

Te agradecemos por tu fidelidad y misericordia, y te pedimos que nos ayudes a seguir creciendo en nuestra relación contigo. En el nombre de Jesús. Amén.

Devocional Soy Mujer Valiosa

Venciendo los desafíos y cultivando las virtudes que nos hacen valiosas en las manos de Dios

MARLY ECHENIQUE DE LIENDO

Miembro destacado de
La Academia Guipil: Escribe y Publica Tu Pasión

COMUNIDAD
Mujer Valiosa

Academia Güipil
- ESCRIBE Y PUBLICA -
Tu Pasión

CON REBECA SEGEBRE

Escribe palabras que impacten y transformen vidas.

AcademiaGuipil.com

Comunidad · Inspiración · Desarrollo

DE PRISIONERA A MUJER DE DIOS:
EL PODER TRANSFORMADOR DE LA FE Y LA SANIDAD DIVINA

*"Todo lo puedo en Cristo
que me fortalece"
Filipenses 4:13*

Querida hermana en Cristo, te comparto mi testimonio para que puedas encontrar la sanidad y la fuerza que necesitas para enfrentar cualquier situación difícil en tu vida. Como mujer cristiana, tuve que soportar la violencia y la humillación en mi matrimonio durante 17 años. Sentía que estaba atrapada en una situación disfuncional y cada día me sentía más sola y desesperada. Pero gracias a la misericordia de Dios, descubrí que Él tenía un plan para mi vida, un propósito divino para mi matrimonio y mi familia.

A pesar de que todo parecía ir en contra mía, Dios me envió a dos ancianitas consagradas a la oración y al ayuno para interceder por mi vida. Con la ayuda del Espíritu Santo en mi vida me llevó a un encuentro con Él en el que pude rendirme y unirme a Sus propósitos para mi matrimonio y mi familia. Pero gracias al amor y la misericordia de Dios, logré salir adelante y convertirme en una mujer bendecida para bendecir. A través de mi dolor, aprendí que el diseño de Dios para el matrimonio es sagrado y que Él siempre está dispuesto a sanar y restaurar nuestras relaciones. Desde ese momento, mi vida empezó a cambiar. El Espíritu Santo me llenó de paz y de una nueva fuerza que nunca antes había experimentado. Empecé a entender que Dios no me había abandonado en medio de mi dolor, sino que estaba ahí conmigo, sosteniéndome y guiándome hacia la libertad y la sanidad. Fue en ese momento cuando me di cuenta de que Dios estaba obrando en mi vida de maneras que yo nunca antes había imaginado. Comencé a sumergirme en Su palabra y a buscar Su presencia de manera constante. A medida que lo hacía, mi corazón comenzó a sanar y mi alma empezó a encontrar la paz que tanto necesitaba.

No fue fácil. Hubo momentos en los que sentí que no podía seguir adelante, que el peso de mi situación era demasiado para soportar. Pero a través de todo eso, Dios siempre estuvo conmigo, sosteniéndome y llevándome hacia adelante. A medida que mi relación con Dios se fortalecía, empecé a experimentar su amor de una manera nueva y profunda. Me di cuenta de que, aunque había sido herida por otros, Dios nunca me había abandonado y que su amor por mí era incondicional. Empecé a perdonar a mi esposo y a los que me habían lastimado, y experimenté una liberación que nunca antes había sentido. Después de pasar por la oscuridad más profunda de mi vida, donde pensé que no había esperanza para mi matrimonio y para mi vida, Dios obró de manera poderosa y milagrosa. Mi esposo fue impactado con un disparo a quemarropa en la parte trasera de su cabeza, y yo lo vi agonizar en el estacionamiento de un hospital. Pero en ese momento de desesperación, no perdí la fe, al contrario, comencé a clamar al Dios de los cielos con todo lo que daba mi garganta. Le pedí al Soberano Dios Todopoderoso que le diera una oportunidad de vida a mi esposo, que le permitiera servirle como el quisiera y que restaurara mi familia. Y Dios, en su infinita misericordia, comenzó a obrar milagros en mi vida y en la de mi esposo.

Después de 40 días de haber sido dado de alta del hospital, Dios obró un poderoso milagro de sanidad instantánea en mi esposo. Le devolvió su memoria, su vista y la movilidad completa en su cuerpo. Y el 03 de enero del 2008, mi esposo comenzó a predicar en la primera iglesia, compartiendo su testimonio y el mensaje de este último tiempo para la iglesia en general. Hoy, después de 15 años ininterrumpidos de labor ministerial, mi esposo es conocido a nivel mundial como un profeta y evangelista. Pero lo más importante, es que hemos sido usados por un Dios de amor, de misericordia, de poder y de milagros majestuosos para LA GLORIA ABSOLUTA DE SU NOMBRE, victoria de su pueblo y salvación de las almas.

Así que, mujeres valiosas y muy amadas, nunca pierdan la fe. Aunque las circunstancias parezcan imposibles, Dios es más grande que cualquier situación que estemos viviendo. Él puede obrar milagros en nuestras vidas y en las de nuestras familias. Solo tenemos que confiar en Él, y seguir buscando su presencia, como lo hizo Ana en 1 Samuel 1:10. Él nos ama y quiere lo mejor para nosotros. Así que, mantengamos nuestra fe firme y sigamos adelante, sabiendo que Dios está con nosotras en todo momento. Hoy, como mujer de Dios, puedo decir con seguridad que todas las mujeres somos valiosas y muy amadas por nuestro Padre celestial. No importa lo que hayamos pasado o lo que estemos enfrentando, Dios está ahí con nosotros, listo para sanarnos y fortalecernos. Si nos acercamos a Él con un corazón sincero y humilde, Él nos guiará hacia la libertad y la sanidad que tanto necesitamos.

Querida hermana, no estás sola en tus luchas y dificultades. Dios está contigo en todo momento y tiene un propósito para tu vida. No te rindas ante las situaciones difíciles, busca la presencia de Dios y Él te dará la fortaleza y la sabiduría para vencer cualquier obstáculo. Eres una mujer valiosa y muy amada por Dios, no dejes que nadie te haga sentir menos. Permite que Dios sane tu alma y te levante para ser una bendición en Su Reino.Si estás pasando por una situación difícil en tu matrimonio o en cualquier otra área de tu vida, quiero que sepas que eres una mujer valiosa y muy amada por Dios. Él tiene un plan y un propósito para tu vida, y Él nunca te dejará ni te abandonará. Ama a Dios y confía en Él, y Él te llevará hacia adelante hacia un futuro lleno de esperanza y de vida abundante.

Oremos juntas: *Padre amado y eterno Dios todopoderoso, te pedimos en esta hora que tu palabra y el poderoso testimonio que hemos compartido, causen un efecto transformador en la vida de las mujeres que están siendo víctimas de violencia. Te pedimos que obres un poderoso milagro de sanidad en sus mentes, corazones y espíritus, y que borres todo recuerdo y trauma de la vida pasada. Derriba todo argumento que se levante en contra de tu conocimiento y llévalas a la obediencia absoluta de tu palabra y Jesucristo. Que haya un antes y un después desde ahora y para siempre, y que puedan dar testimonio del poder de tu amor y sanidad. Te lo pedimos en el nombre poderoso de Jesús. Amén.*

Devocional Soy Mujer Valiosa
Venciendo los desafíos y cultivando las virtudes que nos hacen valiosas en las manos de Dios

LUCECITA GONZÁLEZ

Autora del libro *"Testimonios del poder de Dios"*
Líder en la *Comunidad Mujer Valiosa*
Miembro destacado de *La Academia Guipil:*
Escribe y Publica Tu Pasión

Publicado por
EditorialGuipil.com/imperial

Academia Güipil
- ESCRIBE Y PUBLICA -
Tu Pasión

CON REBECA SEGEBRE

Escribe palabras que impacten y transformen vidas.

AcademiaGuipil.com

Comunidad - Inspiración - Desarrollo

ENSÉÑANOS A CONTAR NUESTROS DÍAS

"Yo he venido para que tengan vida, y para que la tengan en abundancia".
Juan 10:10

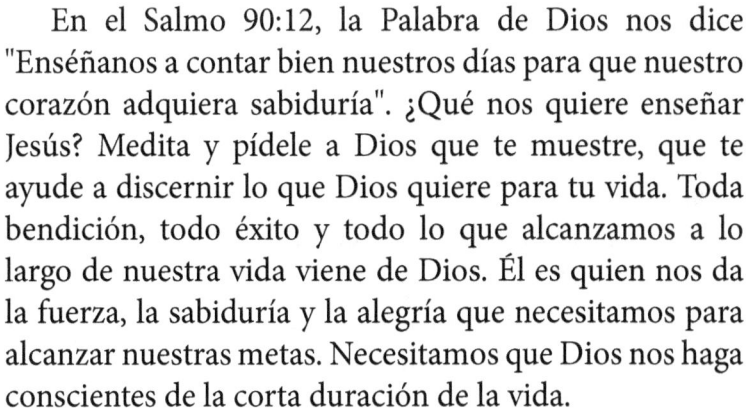

En el Salmo 90:12, la Palabra de Dios nos dice "Enséñanos a contar bien nuestros días para que nuestro corazón adquiera sabiduría". ¿Qué nos quiere enseñar Jesús? Medita y pídele a Dios que te muestre, que te ayude a discernir lo que Dios quiere para tu vida. Toda bendición, todo éxito y todo lo que alcanzamos a lo largo de nuestra vida viene de Dios. Él es quien nos da la fuerza, la sabiduría y la alegría que necesitamos para alcanzar nuestras metas. Necesitamos que Dios nos haga conscientes de la corta duración de la vida.

Somos como la flor del campo. Hoy estamos y mañana no estamos. Debemos tener la sabiduría de hacer lo que Dios quiere. Dios quiere que hagamos su voluntad. Su voluntad es agradable y perfecta. Por Dios son dirigidos los pasos del hombre. Pidámosle al Espíritu Santo que nos dirija a hacer su voluntad, que hablemos a otros de su amor, porque Dios no quiere que nadie se pierda, sino que todos vengan al arrepentimiento. Dios mostró su amor al morir crucificado por nuestros pecados, aún siendo nosotros pecadores. ¿Quién haría eso por ti? ¿Has pensado alguna vez en eso?.

En Jeremías 1:7-9 RVR1960 dice: "Y me dijo Jehová: No digas... soy un niño, porque a todo lo que te envíe irás tú. Y dirás todo lo que te mande. No temas delante de ellos, porque contigo estoy para librarte, dice Jehová. Y extendió su mano y tocó mi boca, y me dijo Jehová: He aquí he puesto mis palabras en tu boca". Así mis queridas amigas y amigos, Dios quiere darte vida y vida en abundancia. Te dará palabra y una vida nueva en Él. Dios quiere que le cuentes a otros lo que Él ha hecho en ti. Dios te ama, eres su hija(o) amado y desea prosperarte como prospera tu alma.

Es importante que aprendamos a contar nuestros días, no para tener una actitud de preocupación o ansiedad, sino para ser conscientes de que nuestra vida es fugaz y que debemos vivirla con propósito y de acuerdo a la voluntad de Dios. Cada día es una oportunidad para hacer el bien, para amar a nuestros prójimos y para servir a Dios con todo nuestro ser.

El salmista nos recuerda que la sabiduría es un regalo que se adquiere al contar nuestros días correctamente. Esto significa que debemos tener una perspectiva eterna y buscar la voluntad de Dios en todo lo que hacemos. Cuando buscamos la sabiduría divina, somos guiados por el Espíritu Santo para tomar decisiones que nos permiten vivir plenamente y ser de bendición para los demás.

Por eso, es importante que tengamos una relación estrecha con Dios, que lo conozcamos más profundamente cada día y que nos dejemos guiar por su amor y su sabiduría. Debemos confiar en que Dios tiene planes buenos para nuestra vida y que su voluntad siempre es perfecta. Cuando ponemos nuestra confianza en Él, podemos estar seguros de que Él nos llevará por el camino correcto.

Jeremías es un buen ejemplo de alguien que obedeció la voluntad de Dios. A pesar de su juventud e inexperiencia, Dios lo llamó para ser profeta y le prometió que estaría con él en todo momento. Jeremías aprendió a depender completamente de Dios y a confiar en Él, y Dios lo usó de manera poderosa para llevar su mensaje al pueblo de Israel. Como Jeremías, Dios quiere que también nosotros confiemos en Él y le obedezcamos en todo momento. Él quiere que seamos sus manos y sus pies en este mundo, que llevemos su amor y su verdad a aquellos que nos rodean. Dios nos ha dado dones y habilidades únicas que debemos usar para su gloria y para hacer la diferencia en el mundo.

Oremos juntos: *Padre celestial, te damos gracias por tu amor y por tu gracia que nos sostienen cada día. Ayúdanos a vivir con propósito y a contar nuestros días con sabiduría. Queremos buscar tu voluntad en todo lo que hacemos y permitir que tu Espíritu Santo nos guíe. Danos la fuerza y la valentía para obedecerte en todo momento y ser de bendición para los demás. Te pedimos que nos des una fe más profunda y una mayor intimidad contigo, para que podamos conocerte mejor y cumplir con el propósito que tienes para nuestra vida. En el nombre de Jesús. Amén.*

Devocional Soy Mujer Valiosa
Venciendo los desafíos y cultivando las virtudes que nos hacen valiosas en las manos de Dios

NORMA BARBOSA

Miembro destacado de
La Academia Guipil: Escribe y Publica Tu Pasión

Academia Güipil
- ESCRIBE Y PUBLICA -
Tu Pasión

CON REBECA SEGEBRE

Escribe palabras que impacten y transformen vidas.

AcademiaGuipil.com

Comunidad - Inspiración - Desarrollo

CUANDO DIOS ENVÍA UNA CARTA DEL CIELO:
SANIDAD A MI MATRIMONIO

Clama a mí, y yo te responderé,
y te enseñaré cosas grandes y ocultas
que tú no conoces. Jeremías 33:3

Corría el año 1998 y recuerdo claramente ese día en el que recibí una carta que cambió mi vida. En ese momento, mi matrimonio estaba en una situación muy difícil, estábamos a punto del divorcio y mi corazón estaba destrozado, herido y muy lastimado. Sentía una profunda decepción y tristeza por no haber podido salvar nuestra relación. Me sentía como un fracaso, con vergüenza y sin saber hacia dónde ir.

Mi esposo había viajado a otra ciudad y allí conoció a una pareja de pastores. Ellos le entregaron una carta para que la trajera a casa y me la entregara. Era una carta sencilla, pero al mismo tiempo, tan poderosa que cambió la historia de nuestro matrimonio.

La carta decía: "No la conocemos, pero Dios ha puesto esto en nuestro corazón". Eran palabras tomadas del libro de Jeremías, específicamente del capítulo 33, versículos 3 y 6: "Clama a mí, y yo te responderé, y te enseñaré cosas grandes y ocultas que tú no conoces. He aquí que yo les traeré sanidad y medicina; y los curaré, y les revelaré abundancia de paz y de verdad."

Al leer esas palabras, algo en mí cambió, como si se hubiera hecho un clic en mi mente y entendimiento. Comprendí que debía obedecer y clamar a Dios, porque Él me respondería y me traería sanidad y medicina. Me arrodillé y oré con fe, entregando mi matrimonio y mi vida a Dios.

Desde ese día en adelante, comenzó un proceso de sanación en mi corazón que no fue fácil, pero tampoco imposible. La vida de mi esposo también cambió poco a poco, y la de mis hijos también. Lo que se había perdido y apagado, comenzó a florecer nuevamente y el amor resurgió. Entendimos que sin Jesús en medio de nuestro matrimonio, no podríamos haberlo salvado. Estoy inmensamente agradecida por lo que Dios ha hecho en nuestra vida y muy agradecida con las personas que usó para hacerme llegar su mensaje de restauración y sanidad interior.

Quiero decirte, mujer valiosa, que Jesús sigue salvando, sanando, restaurando, aliviando y cambiando vidas, porque Él es el mismo de ayer, hoy y por siempre. Si te encuentras en una situación difícil, te animo a clamar a Él con fe y entregar tus problemas. Reconoce que si Jesús no está en medio de tu vida, familia, matrimonio, etc., no funcionará.

Él es fiel para cumplir su palabra y te animo a confiar en Él y tener un encuentro personal con Jesús, porque todo cambia cuando Él está en el centro de nuestras vidas. ¡Sigue adelante con fe, mujer valiosa, y verás la obra maravillosa que Él hará en ti!

El proceso no fue fácil, pero Dios fue fiel para cumplir su Palabra y restaurar lo que estaba roto. Hoy en día, nuestra relación de pareja es maravillosa y escalando hacia nuevas alturas.

Quiero recordarte que, al igual que conmigo, Dios está dispuesto y capaz de restaurar todo lo que está roto en tu vida. Incluso cuando parece que no hay esperanza, Dios tiene el poder para traer sanidad y paz a cualquier situación. Solo necesitas rendirte a Él y confiar en que Él tiene un plan perfecto para tu vida.

No importa lo que estés enfrentando en este momento, recuerda que Dios es fiel para cumplir su Palabra y que un encuentro con Jesús puede cambiar todo. Si tienes necesidad de sanidad y restauración, clama a Él y confía en que Él responderá. Que puedas experimentar su amor y su paz en todo momento.

Oremos juntas: *Querido Dios, gracias por tu amor y tu fidelidad hacia nosotros. Te pedimos que traigas sanidad y restauración a las áreas rotas de nuestras vidas. Ayúdanos a confiar en que tienes un plan perfecto para nosotros y que eres capaz de hacer lo imposible. Que podamos rendirnos a Ti y confiar en que responderás a nuestro clamor. En el nombre de Jesús. Amén.*

Devocional Soy Mujer Valiosa

Venciendo los desafíos y cultivando las virtudes que nos hacen valiosas en las manos de Dios

CARMEN HERNÁNDEZ

Autora del libro *"Un Mensaje a Tu Corazón"*
Líder en la *Comunidad Mujer Valiosa*
Miembro destacado de *La Academia Guipil:*
Escribe y Publica Tu Pasión

Publicado por *Editorial Güipil*

EditorialGuipil.com/carmen

Academia Güipil
- ESCRIBE Y PUBLICA -
Tu Pasión

CON REBECA SEGEBRE

Escribe palabras que impacten y transformen vidas.

AcademiaGuipil.com

Comunidad · Inspiración · Desarrollo

ÉL SIEMPRE ESTUVO CONMIGO

No tengas miedo, porque yo estoy contigo;
no te desalientes, porque yo soy tu Dios.
Te daré fuerzas y te ayudaré;
te sostendré con mi mano derecha victoriosa.
Isaías 41:10 (NTV)

Mi historia ha sido un camino difícil, lleno de altibajos, momentos de tristeza y soledad. Pero en el camino descubrí que había alguien a mi lado que nunca me abandonó, aunque yo no lo conocía en ese momento. A lo largo de mi vida, he enfrentado muchos desafíos, desde una infancia marcada por la separación de mis padres hasta la lucha contra una depresión clínica que me acompañó durante años. En mi juventud, me casé muy joven y tuve que enfrentar muchas situaciones difíciles para las que no estaba preparada. A pesar de esto, continuamos unidos y recibimos la bendición de ser padres de nuestro primer hijo. Pero la depresión no me abandonaba, incluso en los momentos más felices de mi vida. Finalmente, mi matrimonio terminó en divorcio, pero gracias a Dios, mi esposo y yo volvimos a casarnos y comenzamos de nuevo.

Sin embargo, recuerdo que mi depresión se agravó en la época en que me mudé a otra ciudad con mi esposo e hijos. Todo era nuevo, no conocía a nadie y me sentía muy sola. Además, mi esposo estaba constantemente fuera de casa por su trabajo en la milicia, lo que me hacía sentir aún más aislada y vulnerable. Fue en esa época en la que comencé a buscar ayuda profesional para mi depresión. Sin embargo, aunque la terapia era útil, todavía sentía un vacío en mi corazón que no podía llenar con nada terrenal. Fue entonces cuando descubrí el poder de la fe y de la Palabra de Dios. Empecé a asistir a una iglesia local y a estudiar la Biblia, y poco a poco mi vida comenzó a cambiar. Aprendí a confiar en Dios y a encontrar consuelo y paz en Él, incluso en los momentos más oscuros de mi depresión.

A través de mi fe, pude superar muchos desafíos, incluyendo la separación de mi esposo y el divorcio. Aunque fue un momento difícil para mí y para mis hijos, Dios nunca me abandonó y siempre estuvo allí para guiarme y sostenerme. Fue entonces cuando encontré a mi Salvador y sanador personal, Jesús. Puse todo de mi parte para creerle a Él y dejar que cada promesa fuera parte de mi sanidad emocional. Acepté la ayuda profesional y recibí terapia de conducta para aprender a trabajar mis estados de ánimo, decaimientos, miedos y ansiedad. Hoy puedo decir que la Palabra de Dios se ha cumplido en mi vida y Él me ha puesto en un lugar de sanidad privilegiado. Hoy en día, estoy felizmente casada y soy abuela de cinco nietos. Mi vida ha sido bendecida de muchas maneras, y siempre estoy agradecida por el amor y la gracia de Dios en mi vida. Espero que mi historia pueda inspirar y alentar a otras mujeres que estén pasando por momentos difíciles a confiar en Dios y a encontrar la paz y la sanidad en Él.

Mi historia es la historia de una mujer que ha aprendido a confiar en Dios en los momentos difíciles y a buscar su ayuda en todo momento. Si estás pasando por momentos difíciles, te animo a que también confíes en Él y busques su ayuda. No importa cuán difícil sea la situación, Él siempre está a tu lado y tiene un propósito para tu vida. Como dice en (Salmo 42;5) "Porque he de inquietarme ;Porque me voy a angustiar en Dios pondre mi esperanza y todavia lo alabare,El es mi Salvador y mi DIOS". Dios nunca te abandonará y te sostendrá en todo momento. Confía en Él y verás cómo tu vida también puede ser transformada. Él llegó en el tiempo preciso para rescatar mi alma del lodo cenagoso y logró poner en mí un canto nuevo, como dijo el salmista David cuando escribió el Salmo 40, uno de mis favoritos. No solo su palabra, el mejor instrumento que encontré y las promesas que por alguna razón están para ti y para mí, descubrí los talentos del canto y la maestría de la palabra del Señor. En cada adoración y estudio, fluía en mí su Espíritu Santo que ministraba a mi vida para transformar mi corazón y así mismo ser de bendición a todos los que me han escuchado. Dios tuvo a bien tomarme de la mano y sostenerme, restaurarme, cambiar mis pensamientos y hacerlos nuevos. Al final de todo, es reconocer que mi problema emocional sí existía. Tuvo su gran recompensa pues, aceptando la ayuda profesional de la mano de Dios en su momento, recibí terapias de conducta para aprender a trabajar mis estados de ánimo, decaimientos, miedos y ansiedad. Puedo decir que la palabra se cumple cuando dice: "Invócame en el día de la angustia; yo te libraré, y tú me honrarás" (Salmo 50:15). Gritos de dolor y angustia que él escuchó y me dio la honra poniéndome en un lugar de sanidad privilegiado que hoy puedo testificar a través de escribirlo para ti como escritora y autora.

Oremos juntos: *Querido Señor, hoy elevamos una oración por todas las personas que padecen una enfermedad mental. Te pedimos que les brindes la paz y tranquilidad que necesitan para seguir adelante, sabiendo que tu amor es incondicional. Que tu presencia transforme cada pensamiento negativo en uno de fe, para que puedan superar los obstáculos que se presenten. Te pedimos que rompas toda maldición generacional y les devuelvas su identidad perdida. Ayúdalos a no quedarse callados y a buscar la ayuda profesional necesaria. Si alguien está leyendo esto hoy, le decimos que encontrará la libertad en el nombre de Jesús. Recordamos tus palabras en Juan 8:36, "Así que, si el Hijo os libertare, seréis verdaderamente libres". Amén.*

Devocional Soy Mujer Valiosa
Venciendo los desafíos y cultivando las virtudes que nos hacen valiosas en las manos de Dios

JENNYS JIMENEZ

Miembro destacado de
La Academia Guipil: Escribe y Publica Tu Pasión

COMUNIDAD
Mujer Valiosa

Academia Güipil
- ESCRIBE Y PUBLICA -
Tu Pasión

CON REBECA SEGEBRE

Escribe palabras que impacten y transformen vidas.

AcademiaGuipil.com

Comunidad · Inspiración · Desarrollo

SANANDO LA SOLEDAD, TRANSFORMANDO LAS TINIEBLAS.

«Porque ¿adónde iría yo con mi deshonra? Y aun tú serías estimado como uno de los perversos en Israel.

Es muy importante para mí compartir esta historia o testimonio, ya que hace algunos años, por distintas situaciones de la vida, sufrí de soledad al punto de sentir que nadie me quería. Mis relaciones personales y de pareja nunca fueron lo suficientemente sólidas, ya que había algo en mí que me hacía sentir distante y siempre pensar que no era importante para nadie. Entre el temor a la soledad y el miedo, me convertí en un ser inseguro, al nivel de tener que comprar el cariño de alguien para no sentirme tan sola y vacía. Estuve casada 16 años con un buen hombre, pero su amor no era suficiente para mí. Si quería algo y él me complacía, eso tenía una recompensa, ya que me veía en la obligación de pagar por ello. Era muy triste, pero yo siempre le daba regalos como una forma de compensar su compañía y su cariño.

Cuando cumplimos los 16 años de casados, a los meses mi esposo murió, y en mi país (Venezuela), las cosas se pusieron difíciles. Me vi en la necesidad de salir a otro país (República Dominicana), un lugar donde no conocía a nadie. Fui por recomendación de una persona que conocí por las redes sociales y, aun sabiendo que no se puede confiar en gente desconocida, me aventuré a comprar un pasaje y viajar allá, no antes de orar y pedir dirección al Señor y el consentimiento de mis pastores y líderes de la iglesia.

Tuve la satisfacción de conocer gente linda que me ayudó, pero sobre todo mis pastores me dijeron, por dirección del Padre, cuál era la iglesia a la que debía ir. Los primeros meses estuve sentada, pero al primer llamado para evangelizar, allí estaba yo. Cuando llamaron para servir en el templo, allí estaba yo. Y durante la pandemia, servía en los tres servicios del domingo y los días de semana, y llevamos comida entre semana a los policías que custodiaban la ciudad de noche.

Mis días y mis noches siempre estaban ocupados, trabajando y sirviendo, pero vivía en una ciudad hermosa, con gente linda, pero en una habitación sola, pensando en mi hijo, mis padres y mi familia. Había un gran vacío en mi corazón. Una noche, leyendo la Biblia, me encontré con una palabra que confrontó mi vida: Hechos 16:26-27: "Pero a medianoche, orando Pablo y Silas, cantaban himnos a Dios; y los presos los oían. Entonces sobrevino de repente un gran terremoto, de tal manera que los cimientos de la cárcel se sacudían; y al instante se abrieron todas las puertas, y las cadenas de todos se soltaron."

Esta palabra me llevó a tomar tres llaves importantes para mi vida. Se las presento a continuación:

Oración, usaba esa llave que me llevaba directamente al Padre y a su vez le recordaba sus promesas, clamaba por su misericordia, me mantenía **adorando** y le decía a las tinieblas que nada me sacaría de la posición segura con el Padre. Mantenía esa puerta abierta en intimidad, declarando cuanto lo amo y lo necesito. A su vez, me quedaba en ese silencio donde me arropaba y me decía: "No temas, yo haré, no hay nada imposible para mí". Y por último, nunca dejé de **agradecer** por todo lo que Él hace por mí. Durante esa temporada nunca me faltó ni techo, ni comida, ni vestido, y mucho menos amor. A pesar de ser de nacionalidades distintas, recibí mucho amor y respeto de la gente, pero sé que siempre ha sido Papá poniendo esa gracia en mí para seguir adelante.

Pero sobre todo, esta palabra me enseñó que no estaba sola, que mis temores no tenían razón de ser, que la Palabra está llena de promesas y nos enseña cada día como dato curioso a no temer. Entendí que había sido comprada a precio de Sangre y que soy de mucho valor para mi Padre. Jesús hizo algo grande en mi vida, me demostró que hay un Dios en el cielo que nunca se olvida de mí, que siempre está de mi lado, que me recuerda esa palabra que dice que desde el vientre de mi madre te conoció, que no estoy sola, tengo un Padre que me ama y no tengo que pagarle por su amor. Él solo quiere que en el camino vayamos aprendiendo a estar confiados. Dice la Biblia en Eclesiastés 7:8 que mejor es el fin del negocio que el principio.

Ya no vivo, sino que Cristo vive en mí. Él es mi compañero fiel, nunca me deja sola.

¡Nunca dejes de orar! Y verás que las tinieblas van a ser transformadas, tu corazón estará confiado. El Señor durante el proceso jamás te dejará, aunque haya dolor, temor, angustia, espera en Él. Cristo te ama.

Oración: *Padre, gracias porque no hay proceso por difícil que sea en el que Tú no estés conmigo. Confío en que tienes el poder para usar todo lo que me suceda con el fin de cumplir Tu plan en mi vida. Gracias por ayudarme a conocerte y amarte, pero sobre todo por enseñarme que no estoy sola ni tengo que temer, que las tinieblas desaparecen porque Tú eres mi luz y mi esperanza. Amén.*

COMUNIDAD
Mujer Valiosa

Academia Güipil
- ESCRIBE Y PUBLICA -
Tu Pasión

CON REBECA SEGEBRE

Escribe palabras que impacten y transformen vidas.

AcademiaGuipil.com

Comunidad · Inspiración · Desarrollo

¡TE MALDIGO CANCER!

Jesus Maldice La Higuera: Muy de mañana, Jesús fue otra vez a la ciudad de Jerusalén. En el camino tuvo hambre, y vio por allí una higuera. Pero cuando se acercó, no encontró ningún higo para comer. El árbol sólo tenía hojas. Entonces, Jesús le dijo:
«¡Nunca volverás a dar higos!»
En aquel mismo instante, el árbol se secó.
Mateo 21:18-19 (TLA)

En 2009 recibí una llamada telefónica de parte de mi hermana, la cual cambiaría mi vida emocional y espiritual. Me informaba que mi madre estaba en el hospital, le habían practicado una cirugía de abdomen para revisar su estómago y al abrirla se dieron cuenta de que todos sus órganos estaban infectados con una sustancia purulenta, por lo tanto no podían cerrar completamente su herida, porque tenían que drenar la sangre purulenta que la invadía. El cáncer había invadido todos sus órganos vitales, no se podía hacer ya nada por ella, los médicos sugirieron darle de alta del hospital antes de que falleciera y que fuera a morir a casa. Su diagnóstico era que no sobreviviría esa noche.

Mi madre María Elena fue diagnosticada con un cáncer de estómago en etapa cuatro, el cual había invadido sus otros órganos y se había desarrollado un proceso que se llama metástasis. En ese tiempo yo estaba fuera de mi país, no tenía posibilidades de estar cerca de ella y no sabía de su condición hasta ese momento.

Mi hermana, muy consternada, solo me informaba que el médico decía que mi madre moriría esa noche. Mi reacción fue que quería hablar con mi madre las últimas horas que le quedaban de vida, mi hermana me contestó que ella ya no hablaba. Le pregunté si escuchaba y me dijo que sí, y le pedí que le pusiera el teléfono a su oído para poder hablar con ella.

En ese momento no sabía qué hacer ni cómo actuar y en el proceso de la llamada, le clamaba a Dios que me guiara a través de su Espíritu para hablar lo que tenía que hablar con mi madre. Cuando comencé a hablar con ella, le dije que me habían informado de su condición y que el médico ya no podía hacer nada por ella, pero como hija de Dios y guerrera de Jesucristo creía que al Dios que le servía haría un milagro, ya que Jesús dice: Lo que es imposible para los hombres, es posible para Dios. Lucas 18:27 RV60

Le dije a mi madre que si me escuchaba emitiera un sonido de su garganta y ella lo hizo, así que le pregunté si creía que Dios la podía sanar y ella respondió con un pujido: "Sí". Volví a decirle que solamente me escuchara porque en ese momento iba a guerrear contra la muerte y el cáncer.

¡Lo hice!, me quebranté ante mi Dios todopoderoso, derramé mi corazón, vigilé toda la noche, le recordé que él desea vida y no muerte para nosotros y que si mi madre no había cumplido con su propósito en esta tierra, no permitiera que lo abortara con su muerte. Le prometí que si él hacía el milagro de sanidad de mi madre, yo le serviría todos los días de mi vida y testificaría de un Dios vivo y de poder.

El Espíritu Santo me guió en oración. Maldije el cáncer y le ordené en el nombre de Jesús que se secara, declaré sanidad y victoria en el nombre de Jesús. Cuando amaneció, por fe, mi esposo, mis hijos y yo nos reunimos para alabar a

Dios y agradecer el milagro de sanidad y vida de mi madre. Mi madre María Elena logró vivir esa noche y todas las noches de su vida hasta la fecha de hoy, 14 años. El cáncer desapareció, Dios hizo su obra divina. Ahora, mi esposo y yo trabajamos en un ministerio fundado en el poder de Dios, experimentando sobrenaturalmente sanidad, liberación, restauración y todas las bendiciones de Dios en nuestras vidas. El evangelio que predicamos es poderoso y sigue satisfaciendo las necesidades de todos, independientemente de sus circunstancias. Accionamos la Palabra de Dios para extender su Reino aquí en la tierra.

Conclusión: *David entendió este misterio, mientras otros hacían sacrificios a Dios, David le ofrecía su corazón. Los demás ofrecían corderos, David se ofrecía a sí mismo. Un día Dios le dijo a su pueblo: "Estoy hastiado de sus sacrificios". ¿Cuántos religiosos hay llenos de orgullo porque son santos? Pero en un orgulloso no hay santidad. Dios solo quiere tu corazón. Ven ante Él y póstrate de todo corazón, derrama tu alma hacia Dios.*

ORACIÓN DE SANIDAD DEL CÁNCER
LA BATALLA

Antes de comenzar la oración de sanidad por el cáncer, debes evaluarte y verificar si hay falta de perdón en tu vida. Cualquier problema de falta de perdón debe ser solucionado ahora. Si aún tienes resentimiento y falta de perdón en tu corazón hacia otras personas, debes hacer primero la oración para liberar el perdón.

Ahora, pon aceite de unción en tus manos y pon tus manos en la parte enferma. Si el cáncer es generalizado, solo pon tus manos sobre tu cabeza. De todos modos, haz la oración aunque no tengas aceite de unción.

Amado Padre del Cielo, tu palabra y promesa dicen que, por tus llagas y heridas, fuimos sanados y que sobre Jesús recayó el precio de nuestra paz. Por esto, ahora reclamo esa fe perfecta para mí y lograr ver la sanidad del cáncer. Que esa fe perfecta sea sobre mí ahora. Por este sacrificio de amor tan grande que has hecho por nosotros, pido, recibo y acepto tu sanidad ahora, la sanidad del Reino. Ahora soy sano, libre de toda enfermedad que me está afectando.

(Nombra el cáncer que te afecta)

Ahora recibo sanidad en este órgano dañado, cada célula es restaurada a la normalidad y a su vitalidad en el poderoso nombre de Jesús. Soplo ahora vida a este órgano afectado, establezco vida y salud, declaro vida. Todo mi ser físico es restaurado, sano, limpio ahora y lavado con la sangre de Jesús. Todo mal tiene que irse, ¡huye! Hablo al cáncer y ordeno que se vaya y nunca más vuelva en el poderoso nombre de Jesús y por el poder del Espíritu Santo de Dios. Ahora declaro y establezco que esta enfermedad no avanza, no prospera, se seca ahora. Maldigo esta enfermedad desde su misma raíz para que se seque ahora. Maldigo todo cáncer desde su misma raíz, maldigo a toda célula cancerosa para que se seque ahora. La maldigo con todas las fuerzas de mi ser. Te secas y nunca te multiplicas en el nombre de Jesús. Todo cáncer entra en remisión ahora. Todo cáncer se tiene que ir, toda célula extraña se tiene que ir. ¡Maldigo cada célula cancerosa para que muera ahora! ¡Maldigo cada célula cancerosa para que se seque y deje de multiplicarse ahora! El cáncer se secó, el cáncer dejó de ser, se deshizo, se fue, ¡ahora! Se secaron los tumores, los quistes, los fibromas, toda célula cancerosa, ahora, se secaron, desaparecieron. Ya no se multiplican, no avanzan, ¡nunca prosperan! ¡En el nombre de Jesús!

Óyeme cáncer: *No avanzas ahora, no te multiplicas, ni vas hacia otros órganos. Te vas, te secaste ahora, en el poderoso nombre de Jesús. Ahora mismo te vas fuera, te vas, ya no vuelves nunca. Por la autoridad de la palabra, vas a soltar mi cuerpo ahora mismo y te vas con todos tus demonios. Te ordeno que no regreses, te ato y echo fuera, en el poderoso nombre de Jesús.*

Ahora ya soy libre de toda enfermedad. Declaro sanidad: *soy sano, estoy sano. Por sus llagas, he sido sanado. Doy gracias a Dios Todopoderoso por haberme sanado. Mi cuerpo fue restaurado al propósito y la creación de Dios. Doy gracias a Dios por el resto de mi vida. Establezco, decreto y profetizo que Dios completará el número de mis días. Ninguna enfermedad arrebatará mi vida, llegaré a la sepultura lleno de vigor de días. El Señor no cortará mis días antes de tiempo.*

Bendigo ahora mi vida y se la entrego a mi Salvador para que él disponga de ella. ¡Señor, siempre te daré gracias! Por la autoridad de la palabra que tengo, por la misma promesa de Jesús que dijo que nos da toda potestad sobre todo inmundo, ahora, en el nombre de Jesús, ato y echo fuera de mi vida todo espíritu de muerte, de mí y de mi familia. Corto, deshago y seco toda maldición generacional de cáncer sobre mi descendencia.

Ninguno en mi descendencia padecerá de cáncer. Lo declaro así por el poder y autoridad de la palabra.

Espíritu de muerte, te vas ahora, en el nombre de Jesús. Te vas donde el Señor Jesús te envíe. Reprendo y resisto toda mortandad, la ato y echo fuera. Ninguna mortandad que destruya en medio del día me tocará, ni a mí, ni a mi familia, ni a mi descendencia. Lo establezco así en el nombre de Jesús.

Ven ahora, Espíritu Santo de Dios, y llena toda mi casa interior. No permitas habitar allí a ningún inmundo. Tómame y satúrame por completo. Suplico que permanezcas en mí y no permitas que yo te apague. Enséñame, ayúdame y sáname. Espíritu Santo de Dios, te ruego que en este momento tú mismo desalojes este cáncer de mi cuerpo. Ven ahora y quema todo cáncer. Ocupa tú ahora esos lugares donde ha estado el cáncer. Te suplico que satures todo mi cuerpo de tu presencia. También en este momento, bendigo al equipo médico que me está tratando. Los bendigo con sabiduría de lo alto y con entendimiento. Bendigo cada medicina, cada quimioterapia que estoy recibiendo, cada decisión que los médicos tomen. Y el tratamiento dará resultados mucho mejores de lo esperado.

Ahora, renuncie, mi hermano/a, a hablar palabra negativa, a hablar queja. ¡Renuncie ahora!

No le dé lugar al diablo. Usted va a confesar sanidad y si anuncia la victoria de Dios, verá esa victoria en su vida.

Diga ahora: *Doy gracias a Dios por el resto de mi vida por esta sanidad.*

Diga ahora: *Confesaré sanidad todos los días de mi vida.*

El resto será esperar nada más. Haga esta oración todo el tiempo que le sea posible, pero hágala con todo su corazón hasta que su sanidad sobrenatural se muestre en lo natural.

Epílogo

Querida amiga,

Has llegado al final de este libro y quiero agradecerte por acompañarme hasta aquí. Espero que estas palabras hayan resonado en tu corazón y te hayan traído paz, esperanza y consuelo en tu camino.

Ahora, quiero hablarte directamente a ti. Tú, mujer valiosa, eres la única calificada para compartir tu historia. ¿Lo sabías? Nadie está tan capacitado como tú para contar tu propia experiencia, porque nadie ha pasado exactamente por lo mismo que tú ni conoce tu perspectiva como tú.

Sólo tú conoces los detalles de cómo Dios transformó tu vida desde tu estado original a lo largo de cada paso de tu viaje, y sólo leyendo sobre ello desde tu punto de vista los lectores obtendrán una visión de cómo Dios trabaja de forma misteriosa, milagrosa, transformando vidas a lo largo del camino.

Al escribir estas experiencias en un libro, muchas más personas podrán acceder a Dios y aprender de lo que sucedió en cada capítulo de tu vida, visto desde dentro de ti misma y no sólo desde fuentes externas.

Él nos dio a cada uno de nosotros historias únicas e historias que han sido elaboradas por Él a través del tiempo, historias que contienen lecciones que debemos aprender y mensajes que debemos compartir con otros. Escribir estas historias en forma de libro nos ayuda a hacer exactamente eso: ¡llegar a más personas que nunca con Su mensaje!

Sé que escribir tu historia puede ser un reto, pero no tengas miedo de hacerlo. Incluso si no eres una escritora experimentada, puedes encontrar la ayuda y los recursos necesarios para plasmar tu historia en papel. Si sientes que Dios te está llamando a compartir tu experiencia con otros, no dejes que el miedo o la duda te lo impidan.

Escribir tu historia en un libro ofrece muchos beneficios tanto a nivel personal como espiritual; permite a los lectores acceder a las experiencias de otra persona a la vez que les proporciona consuelo y les muestra cómo ellos también pueden superar sus propias luchas con fe en la gracia y la misericordia de Dios que les guía en cada paso de su camino hacia la transformación y el crecimiento como individuos.

Recuerda siempre que eres una mujer valiosa y amada por Dios, y que tu historia es importante. A través de ella, podrás ser un instrumento de Su amor y gracia para otros.

Así que anímate y acepta el reto de escribir tu propio libro impactante uniéndote a nuestro entrenamiento gratis. Inscríbete para ser parte de las clases introductorias de nuestra academia Güipil y te enviaremos el horario completo en AcademiaGuipil.com

Gracias de nuevo por leer "Mujer Valiosa: Palabras que sanan". Que este libro te haya brindado la inspiración y la motivación para escribir tu propia historia.

Con cariño y bendiciones,

Rebeca Segebre
Presidente de *Editorial Guipil / Guipil Publishing House*
y Fundadora de *La Comunidad Mujer Valiosa*

MujerValiosa.org
EditorialGuipil.com

Devocional Soy Mujer Valiosa
Venciendo los desafíos y cultivando las virtudes que nos hacen valiosas en las manos de Dios

Para más información, invitaciones,
recursos y eventos visita:

www.RebecaSegebre.org
www.MujerValiosa.org
www.Vive360.org

E-mail: oficina@rebecasegebre.org

Medios sociales:
Facebook: @RebecaSegebreOficial
Instagram: @RebecaSegebre
Twitter: @RebecaSegebre

Otras obras por Rebeca Segebre

Un minuto con Dios para parejas

Confesiones de una mujer desesperada

El milagro de la adopción

Un minuto con Dios para mujeres

Confesiones de una mujer positiva

5 secretos que te impulsan al éxito

Mi vida un jardín

Afirmaciones divinas

Una nueva vida

Las siete virtudes del éxito

Símbolos de navidad

Planner Demos Gracias

Tú naciste para escribirlo

Positiva en tiempos de crisis

Un minuto con Dios para emprendedores

Pídeme

Victorioso

Sana y Próspera

SABIDURÍA DIVINA Y TRANSFORMACIÓN EN COMUNIDAD

con Rebeca Segebre

¿Lista para vivir Sana y Próspera? Encuentra la guía, coaching de vida y el apoyo que necesitas para finalmente crecer afirmada en tu fe y avanzar en tu propósito de vida y comenzar tu viaje a un mejor "Tú".

Inscríbete hoy a la *Comunidad Mujer Valiosa VIP aquí:*

RebecaSegebre.org/amigas

Academia Güipil
- ESCRIBE Y PUBLICA -
Tu Pasión

CON REBECA SEGEBRE

El recurso en línea #1 para aprender a escribir y lanzar tu libro con éxito.

Inscríbete hoy para descubrir y aprender todo lo que conlleva llegar a ser un autor de impacto en el mundo editorial de hoy y cómo tu también puedes lograrlo.

AcdemiaGuipil.com/reto

Inscríbete hoy a la *Comunidad Escribe y Publica* en esta página exclusiva:
RebecaSegebre.org/escribe

PLANIFICA Y LOGRA TUS METAS CON ENFOQUE EN LA GRATITUD

NUEVO

DEMOS GRACIAS
PLANIFICADOR

PLANIFICA Tu Vida
LOGRA Tus Metas
CELEBRA Tus Victorias

— *La Gratitud crea felicidad.*

Libros de inspiración para tu diario vivir
www.EditorialGuipil.com/planifica

BIBLIAS, DEVOCIONALES, ESTUDIOS BÍBLICOS, LIBROS, JOURNALS

Todas las herramientas y recursos que necesitas para equiparte, seguir tu llamado y fortalecer tu liderazgo.

PARA IR DE COMPRAS VISITA:

Vive360shop.com

www.ingramcontent.com/pod-product-compliance
Lightning Source LLC
Chambersburg PA
CBHW050111170426
43198CB00014B/2541